OSSO~
歐美近代史原來很有事

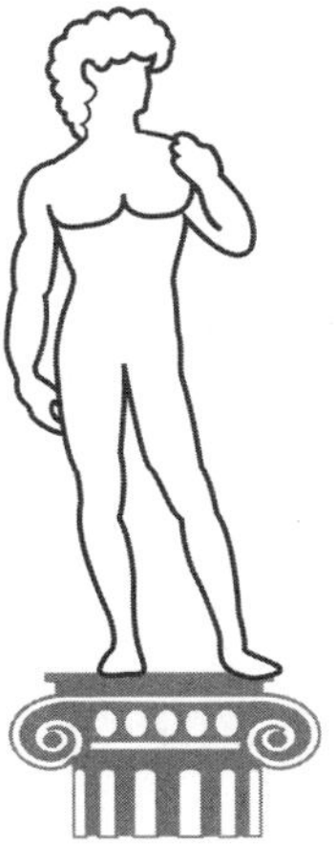

吳宜蓉——著

【推薦序】

親愛的，我可以當你的學生嗎？

新北市立丹鳳高中圖書館主任／**宋怡慧**

「聽說，有位歷史老師邀請古人速解一〇八新課綱，你們看過了嗎？」

「那六張圖，可讓教育部長在臉書粉專發文，還被瘋傳按讚……」

「天呀！也太有哏了啦！這位老師簡直就是素養教學的最佳代言人。」

後來，很多人都想問：「吳宜蓉是誰？」然後，一堆人開始Google她，追蹤她，成為她的忠實粉。

現在，你可以再走近她一點，因為「吳宜蓉」出書了，你還不去Booking簽書會？還不去下單買書？這樣怎麼算是她的——鋼鐵粉。

好了，好了，言歸正傳，現在要認真地來推薦這本自己極愛的「神作」。一看完書，真的好想打開哆啦A夢的任意門，立馬坐在教室當宜蓉的學生（敲碗，敲碗，想聽課……）幸好，宜蓉出版《OSSO~歐美近代史原來很

有事》，讓我可以重回少女時代，溫習印象已經很模糊的歐美近代史。

嘖嘖嘖，原來撲克牌裡的四張老K各個有厲害的來頭。

「聖人」沒有羅馬教廷官方認證，通通都算是盜版山寨貨。

騎士的形象都被柔焦過，真正的樣子到底是怎樣讓人「揪心肝」？

米開朗基羅一點都不天使，他愛罵髒話？

「路易十四」是「飛炫」國王——戴假髮，穿絲襪，必然配備是紅色高跟鞋！

拿破崙不只是軍事宅，還是寫情書寫手？

賺人熱淚的笛卡兒情書，印證了——想像很浪漫，真相很骨感。

南北戰爭的開戰是林肯想讓退群的，通通給我「加」回來？

歷史告訴我們：要挑對人結婚才是人生最精準的投資？

歷史又提醒我們：沒有真心與信任的婚姻，最後注定崩壞。

表面上，它寫的是歐美近代史，但蘊藏的卻是人生的哲思。

「狼若回頭，不是報恩，就是報仇！」這是德國輸了一次又任性再來一次的原因。美國為什麼會打輸越戰嗎？因為，他連自己為何而戰都不知道。土耳其又為什麼在戰敗後能大喊：我土耳其，我驕傲？因為，他們有個顏值爆表的國父，ㄟㄟㄟ，怡慧老師你歪樓了喔！明明人民是被凱末爾「自己的國家自己救」的愛國魂感動了。

宜蓉的歷史敘寫兼具創意與巧思，淺顯易懂的文字，接地氣的口吻，帶入歷史的思辨精神：你怎樣看待自己與歷史？你如何從過去思考現在，想像未來？

課本沒教的知識，引發腦內風暴，這猶如核爆似的，讓我對歐美近代史的想像整個打掉重整，時間軸線清晰了，人物與空間的移動恍若3D動畫在眼前走了一回，他們曾經都是NOBODY，因奮不顧身地堅持自己的信念、想法，最後成為歷史的SOMEBODY。

「如果你想要造一艘船，你要做的不是請大家一起找木頭、分配工作，跟下令誰該做什麼。取而代之，你應該做的是，勾起大家對浩瀚無垠的大海產生渴望。」宜蓉的文字，不僅讓我產生對學習歷史的渴望，也讓我憶起過往——初入教職，曾氣餒過到想「轉行」，度過一段「浪流連」的教學生涯。最後，在閱讀的世界尋回老師的意義是——我們將把孩子帶到哪去？莫忘初衷，我們都有教師夢、教學情，把孩子帶到學習的大海，你就能讓他在廣袤的知識海中優游。

謝謝宜蓉在這本書切出時代的新角度與教學的新意義，書中的觀點有料、有哏、有趣，不只讓我常常點頭如搗蒜，還不時地邊讀邊傳出笑聲、嘆息聲，聲聲都是對她論點的認同，觸發而來的體悟。我們常聽到：「人類唯一從歷史中學到的教訓，就是沒辦法從歷史中學到教訓」——我想，宜蓉寫這本書的背後，期待讀者可以從過往的史蹟照見自己的人生，不要重蹈覆轍，不要陷在迷思的泥淖。透過幽默詼諧的文字，獨到專業的解讀，「再創」的元素，作者要和你談的不只是歷史，而是人生，讓學歷史不再是單向輸入，而有了雙向輸出的可能。有些事，你看懂了，你就能找到訣竅，然後，抽絲剝繭地解決。

宜蓉默默地在歷史教學的領域使勁用情，一如佩脫拉克說的：「我自己是平凡人，我只要求平凡人的幸福。」一位當老師的幸福，就是把最愛的學科讓更多孩子理解，讓他們願意從中思考生命的價值與學習的意義。

這本書請務必列為二〇二〇年必讀的排程書，或許可以遲點讀，但絕不能不讀。你懂嗎？蘇美有過冷戰史，人也很會搞個小圈圈。我擔心到時候全民瘋搶的不是口罩，而是這本即將洛陽紙貴的吳宜蓉老師神作呀！

親愛的，寫完這篇真心推薦文之後，我可以當你的學生了嗎？

【推薦序】

你沒問，作者也沒說的三種身分

Super教師・暢銷作家／**歐陽立中**

先玩個遊戲吧！如果回到戒嚴時期，你是學生，會參加哪個社團呢？（A）耕耘社：在校園空地種菜（B）學生自治會：爭取福利（C）讀書會：學習知識（D）足球隊：鍛鍊體能（E）不參加社團：好好念書。想好了嗎？給你五秒鐘，五、四、三、二、一！時間到！來看看你的青春如何吧：（A）入獄十年（台大物理系姜民權參加耕耘社，被以參加叛亂組織罪名而入獄）（B）入獄十二年（張常美參加學生自治會，因會長被指稱共匪而受牽連入獄）……孩子們，遊戲可以重來，但人生不能重來。你看到這些人的下場了，那接下來，你選擇用什麼態度面對這個時代呢？

你能相信嗎？這是一堂國中歷史課。但震撼度卻勝過任何歷史教科書。這位老師帶學生閱讀史料、思考判斷、遊戲體驗、最後同情共感。讓一段逝

去的歷史，就像戴上VR眼鏡般，在眼前如實重現。她叫宜蓉，江湖名號小巨星，就我看來，小是她的謙辭，巨星才是她的本質。她的歷史課，不該在教室上，應該在小巨蛋開講啊！才不會讓這麼精采的課程，成為少數學生的專屬。

好在，宜蓉出書了！讓我們在教室外排隊向隅的觀眾，總算能透過她的文字，一解心頭的遺憾。這本書，我幾乎是像追劇那樣瘋狂，一集接一集，完全停不下來，一路從中世紀篇、追到文藝復興篇；連廁所都忘了上，就來到啟蒙時代篇；索性消夜也不吃了，迫不及待世界大戰篇；不知不覺竟然就讀完了，卻仍意猶未盡。只覺得現世時間走得太慢，來不及收錄於宜蓉的史筆。

我回顧剛才瘋狂追劇的閱讀過程，這本書到底有什麼魔力，把我牢牢地黏在桌椅前呢？終於，讓我發現了，因為宜蓉有三種身分：

第一種身分是「脫口秀演員」。任何枯燥的史料，被宜蓉重新演繹後，都會讓你瘋狂大笑。好比講到文藝復興三傑，她這麼說：「號稱文藝復興三傑的這三位人物，達文西、米開朗基羅、拉斐爾，並非因為主演忍者龜而出名！」談到美蘇太空競賽，她這麼寫：「你想成為擁有財富、名聲、權力，與這世上一切的超級強國嗎？那就到太空去找吧！全世界準備迎接大火箭時代的來臨。」作為一位歷史脫口秀演員，她腦袋裝的不只是歷史，還有滿滿的漫畫、電影、鄉民哏。歷史很重，但宜蓉總能舉重若輕。

第二種身分是「偵探」。任何看起來再怎麼合理的歷史，宜蓉總能看出它背後的疑點，道出另一個我們不曾想過的真相。印象最深刻的，就是講到美國南北戰爭。我們總說南方人沒人性好壞壞，林肯解放黑奴好棒棒！但宜蓉眉頭一皺，覺得案情並不單純。調查過後，她告訴另一種可能：美國南方是棉花種植的盛地，因為難找臨時工，黑奴成為首選；從政治角度來看，林肯反分裂的政治目的，其實遠大於反黑奴的人道目的。原來，歷史不能只用善惡來看，而要從背後動機重新思考。

第三種身分是「詩人」。歷史對很多人而言，就是一段客觀的紀錄。但是，如果不能從這段紀錄領悟些什麼，那這場歷史的滂沱大雨，不就白淋了嗎？這就是宜蓉厲害之處，她有偵探的理性，更有詩人的感性。我們讚揚達文西的天才，卻也難理解他的不羈。但宜蓉懂他：「在達文西的心裡，好奇才是殊榮，他只想把握有限年華探究這世界的真理。」說到美蘇太空競賽，我們只看到兩大強國的互不相讓，但宜蓉看到另一種高手相惜，她說：「地球太小，小到人類彼此計較攻防；宇宙太大，大到我們感到不安和孤獨，在萬有引力的牽引下，更渴望同伴。」我們痛恨恐怖主義的蠻橫殘忍，但宜蓉看出恐怖主義背後的悲慘：「恐怖分子有話想說，只是用一種殘酷的方式來說。恐怖分子只是一棵樹，他們背後都有一座孕育恐怖的悲慘森林。」

讀著這本書，我可以想見，宜蓉在這座歷史舞台上，自由切換身分的模樣：時而幽默、時而理性、時而溫柔。我喜歡這樣的歷史，你呢？

自序

這是一本現場國中歷史老師寫的歷史書。

我先大方承認我們現行的歷史課本真的很難看，是我自己偶爾備課翻翻也會看到失去靈魂，帶去上廁所保證便秘，會被分類在妨礙健康的書籍。

課本難看就算了，再搭配上老師畫的重點，什麼人物、事件、年代全都在紙上用螢光色閃閃發亮地告訴學生：「把我背起來吧！」

讀歷史是惡夢啊！我真的懂！

我很清楚身為歷史老師，在種種先天不利的條件下，實在太容易成為一個成天只講些西郎固逃的反派角色。

好在，我從當老師的第一刻起，就立志要讓教室成為小巨蛋，要讓自己成為歷史小巨星。

在被一群中二生包圍的歷史課，我一定要拿出專業比他們更中二。

盡量用孩子能理解的當代語言詮釋過去發生的事情。

盡量把課本短短一句話抽絲剝繭背後的謀算與歷程。

盡量延伸介紹比專有名詞更具分享價值的人性點滴。

我說了，我盡量。

我當然還沒有自信能把這些目標做得很到位，也沒辦法讓我的學生個個拿著螢光棒在講台下揮舞，讓我驕傲地手捧耳朵說：尖叫聲！

他們頂多就是拿著螢光筆，而且還自顧自地把整頁課本畫滿重點（淚）。

沒關係，我可以接受的！反正走在夢想的路上就是這樣坑坑疤疤、滿身皺褶。鼓勵我持續朝著歷史課小巨蛋前進的力量是：沿路上還真的有腦粉學生下課後來跟我要簽名照，還真的是有同行覺得我的歷史課有趣又有意義。

不管他們都嗑了什麼，這本書的確是把我歷年來在上九年級的歷史課程中，分享的故事與上課運用的語言做了完整的整理，與更多延伸的補充，一節又一節的歷史課，變成一篇又一篇的文章。

我一邊寫著就好像一邊在上課，加上沒有進度壓力，整個人斷開枷鎖，暢所欲言，感覺好像幫自己寫了一本至少可以用個五年、十年的備課用書。

書中內容，努力做了相關取材與考證，盡可能提供歷史專業度，同時也用趣味性的生動語言呈現。希望一般大眾與學生能讀得輕鬆愉快也能得到凡事略懂略懂的歷史成就感。同行呢，就當作是一本紙上的公開觀課吧，能用這樣的呈現方式獲得更多交流與回饋，我真的很榮幸。

目錄

PART ONE

歷史課本的快樂，往往就是這麼樸實無華且枯燥

1．撲克牌上的四個國王 020

2．聖人的人生，好難 034

3．LADY真的FIRST嗎？ 046

4．中世紀防疫大作戰——戴口罩也擋不住的黑死病 054

5．翻開覆蓋千年的卡牌，召喚：希臘羅馬 068

6．法國史上那些叫「路易」的國王們 086

7．穿越時空最不能遇到的老公——英王亨利八世 096

8．情書對抗賽——拿破崙VS笛卡兒 112

9．政治不難，找對人結婚而已——哈布斯堡家族 122

PART

TWO

10．美國歷史上最偉大的總統——林肯，過譽了嗎？ 134
11．顏值最高的國民父親——土耳其凱末爾 146
12．確認過眼神，你是浪漫的人！——十九世紀浪漫主義 154

對世界過於美好的濾鏡，限制了我們的想像

13．有沒有人權自助餐的八卦？——隔離但平等的種族政策 170
14．有些發明沒打仗還發明不出來——一戰篇 182
15．有些發明沒打仗還發明不出來——二戰篇 194
16．冷戰以來的太平洋黃金線——島鏈 212
17．冷戰下的大火箭時代 222
18．沒有敵人的戰爭——越戰 236
19．沒有終點的戰爭——以阿衝突 248
20．你的恐怖分子，他的自由鬥士 260

PART

ONE

歷史課本的快樂，往往就是這麼樸實無華且枯燥

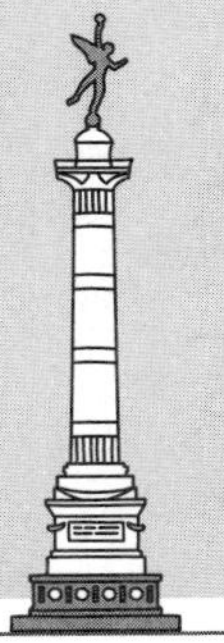

1．撲克牌上的四個國王

相信大家沒玩過撲克牌也看過撲克牌、聽過撲克牌吧！一組撲克牌扣掉鬼牌，共有五十二張。據說代表一年的總和：五十二個星期。

黑桃♠、紅心♥、梅花♣、方塊♦四組花色各十三張，則據信是代表著四季，一個季節十三個星期。1～10的數字，牌樣以花色圖案數做代表。11、12、13則捨棄數字，改為人頭圖案的牌樣，稱為JQK。J是騎士（JACK），Q是皇后（Queen），K則是國王（King）。

許多人認為，一副牌中的四張老K，分別對應著真實歷史上的四個偉大國王。其實呢，最早撲克牌中的國王代表並沒有特定的人選，只有取其「國王」的象徵意義而已。

說起撲克牌由來，想要認真探討起源的話，已難以追溯確切的源頭了！唯一能夠確定的是，大約在十四世紀後期，撲克牌在歐洲開始普遍流行，各個地區都有自己時興的玩法，根據製作地點的不同，卡片的設計和數量都不同，富有地方特色。

我們熟悉的四種花色，主要採用十六世紀法國所訂的標準。當時的法國撲克牌製造商把四種花色定為黑桃♠、紅心♥、梅花♣、方塊♦，對其造型與大小有了標準化的要求。而且還將四張老K對應的四位國王，分別指定為黑桃大衛、紅心查理曼、梅花亞歷山大和方塊凱撒。

因為這四個國王在歐洲歷史上，實在太有代表性了，不知不覺流傳到今天。如果硬要說撲克牌的K，有其歷史對照組，十六世紀的法國版本大概是最好的選擇。我小時候著迷過的香港四大天王，直到今天都還是演藝界的巨星男神，這四個國王在歐洲國王界就絕對享有那一線男星等級的天王地位。

黑桃♠——大衛王

黑桃K國王被認為是歷史上的大衛王，在牌面上的形象是個捲毛！對哦，就應該是你現在所想到的那個大衛，那個很有名的米開朗基羅刻的大衛像，頭髮也是QQ的，跟大衛王就是同一個大衛。至於為什麼撲克牌面的大衛顏值，跟名聞世界的大衛像似乎有著滿大落差，關於這點，我們只能讚嘆米開朗基羅確實是一位偉大的藝術家。我們只是玩個撲克牌而已，又不是要成為放在博物館的藝術精品，不要給人家計較那麼多。

大衛王可以說是魯蛇變身成強者的勵志故事代表。他曾經只是一位在以色列牧羊的少年人，他當時年幼矮小，沒有受過任何的軍事訓練，更沒有昂貴的戰袍盔甲與長槍利劍，只帶著一個單薄的投石索。

關於投石索，我這邊簡單說明一下，它又被稱為甩石機弦，只要把石頭放在投石帶上，一端的繩圈套進食指固定住，另一端繩頭以拇指和食指捏住，然後用力甩動投石索，適時放開，石頭就會飛出去。可以做為一種打獵用的武器或放牧的工具，在今天有許多地區的牧羊人仍會使用投石索來驅趕羊群。

這個年少瘦弱、唯一的武器是投石索的大衛要去哪裡？他居然是要去打敗當時最可怕的怪物——巨人歌利亞。歌利亞是聖經歷史裡面的大魔王關卡！據《聖經》記載歌利亞的身高約「六肘零一虎口」，換算成今天的單位是三公尺高左右，他頭戴銅盔，身穿鎧甲，肩上背著一個大大的銅戟，孔武有力，刀

大衛與巨人歌利亞

劍不入，每個以色列軍人都怕歌利亞怕得要命，閃的閃，躲的躲，生怕一個不小心，命就丟了！

眾人恐懼時，唯有大衛不怕！大衛衝了！他從袋裡拿出一塊石子，放在投石帶上，用盡全力擲出去。石頭飛出去，精準擊中歌利亞的頭，巨人倒下死了！大衛為以色列人贏得了勝利，也為自己贏得了王位。

這是一個以小擊大的戰鬥，巨人沒有想像的強壯，人類也沒有自己想像般脆弱。只要願意冒險，敢於嘗試，集中意志挑戰未知的恐懼，就能創造無限可能。

勇敢無畏的少年大衛後來成了虔誠信奉神與勤政愛民的大衛王，在位大概四十年左右。因為大衛受到眾人愛戴崇拜，「David」在希伯來文因此有「親愛的、摯愛的、被愛的」意思。直到現在大衛都是歷久不衰的菜市場名，很多以色列人與英美人士都喜歡把孩子命名為David。內政部戶政司曾統計民國九〇年至二〇〇四年戶籍結婚登記統計資料，篩選出前十大外籍人士結婚登記取用名字。男性方面第一名，沒有意外地，就是「大衛」哦。

而大衛的母國以色列直到今天對大衛同樣情深意重，在二〇一七年耗資巨金，研發出一款新型反飛彈系統，專門攔截來襲的中程飛彈，就取名為大衛投石索（David's Sling），箇中典故不言自明囉！

紅心❤——查理曼

查理曼其實叫查理，只是因為後來太優秀了，就變成查理曼了。那個「曼」來自拉丁文「magnus」，有偉大的意思。所以查理曼其實指的就是「偉大的查理」。

查理到底偉大在哪呢？話說歐洲在羅馬帝國滅亡後，就開始大崩壞！地方分裂、蠻族征戰，每天都在歐洲歐北來，一整個亂哄哄的。身為其中一支蠻族的法蘭克人——查理很努力地在西歐整頓秩序，約略完成西歐的再統一，打造出一個龐大的查理曼帝國。

這個帝國可厲害了，到了查理曼孫子的時代分裂，西部變成今天的法國，中部演變成義大利，至於東部則為德國的前身。你看看現今的G7（Group of Seven，七大工業國組織），查理曼帝國包辦其中之三，怪不得查

查理曼大帝

理有「歐洲之父」的稱號了！

查理更了不起的是，他不只武力強大，更是個有智慧的國王。他利用基督教的力量，在西元八〇〇年的聖誕節，讓當時的教宗李奧三世為他加冕，稱他為「羅馬人的皇帝」。這是一件非常有歷史意義的事！如果查理只是靠拳頭打天下，他在歷史上就只是個會打打殺殺的蠻族罷了，沒辦法成為偉大的查理。但他透過讓教宗加冕，取得了通往基督教世界的門票。在西方世界裡，獲得基督教認可，等於掌握秩序與人心。「羅馬人的皇帝」這個稱號更是有著巨大的象徵，在真正的羅馬帝國滅亡後，誰能繼承羅馬的力量？誰能恢復古羅馬的榮光？誰能像羅馬一樣帶給人民富強與安定？在蠻族紛紛擾擾幾百年後的歐洲，終於，我們看到恢復秩序的一道曙光——查理，就決定是你啦！帶我們回到當年那個羅馬的輝煌時代吧！

話說，隨便Google一下查理曼，找到的圖片都是個大鬍鬚阿北！但四張老K裡面，卻只有紅心K是沒有鬍子的一張卡牌。到底為什麼啊?!好像也沒有為什麼，據說早期用鑿子在木板上刻查理國王像的工匠，因為手滑，鑿子也跟著滑了一下，一個不小心就把上唇的鬍子給鑿掉啦！偏偏之後刻印紅心卡牌的畫作是以這張木板畫為範本，所以紅心國王就沒有鬍子啦！

梅花♣——亞歷山大

亞歷山大當了十三年的國王，這十三年的統治徹底展現出他的雄才大略。小小的馬其頓王國，給他一路向東，打出了一個橫跨歐亞非三大洲帝國；包括打敗了比馬其頓整整大五十倍，當時最強大的波斯帝國。當他攻入那個時代東方最偉大與最繁榮的城市——巴比倫時，他很得意地幫自己加了個稱號——「巴比倫及世界四方之王」。我相信電影《鐵達尼號》裡李奧納多的那句名言：「I am the king of the world」，肯定是效法亞歷山大的。

這麼狂的亞歷山大，他的征服並無法直到世界盡頭。在攻打印度獲得凱旋後，返回巴比倫的路上他開始發燒，一直燒了十多天。亞歷山大的光輝歲月戛然而止，三十三歲就走到人生的終點。

據說，他在死前深深體悟了生命的無常。即使征服了將近六百萬平方公里土地的人生勝利組，卻也有無法打敗的對手，那就是死亡。他無法阻止自己

亞歷山大大帝

的生命逐漸地凋零。

英年早逝的亞歷山大，下令部下在安葬自己時，將棺材挖兩個洞，讓他的雙手可以從那兩個洞伸出來。他想告訴世人，即使生前擁有再多，死後就是雙手空空，一無所有。

然而，作為一個歷史老師，我不認同亞歷山大這樣的想法。生前四處征戰的亞歷山大，很少被視為是一個窮兵黷武的暴君。羅馬帝國時代著名的傳記作家普魯塔克如此形容亞歷山大：「被亞歷山大所征服的人，遠比那些倖免於亞歷山大征服的人更為幸福。」德國的哲學家黑格爾更是盛讚亞歷山大：「他是最美好的英雄人物，他將自由希臘人的文化散布到整個亞洲，他對亞洲的軍事行動其實也是一場探索之旅。」

亞歷山大，你征服過的帝國也許會分裂，也許會在歷史巨輪的推進中消融，但你征服過的人心，卻仍世世代代稱頌你所帶來的文明與價值。就像梅花硬是要在寒冬盛開般的搶眼存在。

方塊◆——凱撒

身為代言很多產品的凱撒，舉凡磁磚、衛浴、飯店、沙拉……等，凱撒算是路邊隨便一個歐巴桑覺得最親切的外國人吧，可以說是在台灣知名度最高的國王哦。但是凱撒其實是這四張K裡面唯一沒當過國王的那個男人！他曾經是羅馬的執政官，最終成為羅馬的終身獨裁官。生平沒有當過一天的國王，然而凱撒之名，卻在他死後成為「統治者」的代名詞——不管是拉丁語系Caesar、日耳曼語系Kaiser、斯拉夫語系Tsar，「凱撒」一詞等於帝王。所以現在大家知道為什麼很多商品都用凱撒命名了吧？因為凱撒這兩個字就等於標榜

凱撒大帝

「高大上」！

說到凱撒的魅力，第一當然是他很會打仗，那句「我來．我見．我征服」（VENI VIDI VICI）真是帥到不行。我來到這裡了，我看到這片土地了，然後呢？還需要問結果嗎？我是凱撒耶，當然是征服了啊！這是一封他回給元老院的前線戰情信件，用三個拉丁文字，展現他凱撒的霸氣與軍事能耐。哥就是行，怎樣！

凱撒還有第二個迷人之處，他很會撒錢，很懂得圈粉。他可以借一堆錢，舉辦各種活動，譬如在羅馬競技場舉辦角鬥士競技，免費招待群眾觀看。還經常舉辦各種趴踢，讓大家盡情喝到飽、吃到飽。所以，人民都超愛凱撒的。為了討好大家，根據記載，凱撒在正式從政之前，就欠了一千三百多個金幣，總數相當於二百六十億台幣。欠這麼多錢，還勇敢地走上政治之路的凱撒真的是樂觀到完全沒在CARE後路的男人啊！可能就是因為這麼縱情任性的性格，讓他雖然欠了一屁股債，仍然是當時的羅馬人氣王！

凱撒還有一個有趣的人格特質是：他非常好色！除了他與埃及豔后的風流韻事眾所周知外，他還跟無數羅馬上層社會的妹子來往。羅馬時代著名的作家西塞羅，曾在私人信件中提到凱撒至少讓元老院三分之一議員（二百人）綠綠der，因為凱撒出了名會睡別人的老婆。曾經在凱撒率著大軍返回羅馬時，發生過凱撒的士兵一邊進城一邊大喊：「各位羅馬市民們！小心喲～禿頭的色阿北準備要進城睡你們老婆啦！」做為凱撒凱旋歸來的進城口號。

今天呢，大家可以仔細看方塊K的國王拿著一把類似斧頭的器具。其實，不只是斧頭，那一根是象徵古羅馬執政官權力和威信的儀具，是一把夾著斧頭的束棒。

結語

讀完這四個國王的小故事，有沒有覺得長知識了些？下次打牌的時候，一邊就跟朋友聊聊大衛、查理曼這些人的歷史故事啊……

幸運一點，可能會讓大家對你投以崇拜的眼神。不幸的話，除了一臉掃興的嫌惡眼光掃過，會不會從此找不到牌咖，這我就不敢保證了！

2・聖人的人生，好難

開始工作之後，不時就會想要抱怨：人生好難。

我常在想，像我這種小心眼小脾氣小任性，偶爾又喜歡鑽點現實漏洞的凡人，在這個世界生存都覺得好辛苦了。那麼聖人呢？要怎樣才能活得讓世界滿意？

所謂「聖人」這種人，從傳統儒家文化來看，是指品德智慧都已經突破天際的人類。就是《大學》裡講的「止於至善」，德行到了完美無瑕的境界。像堯、舜、禹、湯，到至聖先師孔子，都是儒家認定的聖人們。

然而，東方文化就是比較有懸念。如果再繼續追蹤下去，想要得知更精準的聖人定義，那還真是一團不清不楚的迷糊仗。孔子說：「什麼樣的人是聖人呢？他們的品德符合天地的道理，能夠變通自如，可以探究一切事物的起點與終點，可以使其符合自然法則，依照宇宙的規律來成就它們。聖人的光明如日月，教化的力量如神明。底下的民眾不知道他的德行，看到他的人也不知道他就在身邊。這樣的人就是聖人。」（孔子曰：「所謂聖者，德合於天地，變通無方，窮萬事之終始，協庶品之自然，敷其大道而遂成情性；明並日月，化行若神，下民不知其德，睹者不識其鄰。此謂聖人也。」——《孔子家語・五儀解》）

看到了也不知道他就在身邊?!照孔子這樣的定義，聖人跟七月半好兄弟好像沒兩樣……

換個場景，在西方的基督教世界裡，聖人的定義那就一清二楚了。是可以經過一番手續，提出聖人申請哦，只要符合條件，通過審核，再經過教會正式冊封的儀式，就可以正式成為「聖人」了呢！而這個認證過程是有正式稱呼的，稱為封聖制（canonization），拉丁文為Canonisatio，指的就是「納入聖人的行列」。

要成為聖人，在名字前面加個「聖」字（saints，簡寫St.），可是比加入復仇者聯盟還要困難的一件事哦。我常常勸學生在讀歷史課文或相關文獻時，只要看到名字前有個「聖」，非常值得在書本前行個膜拜禮，Orz一下以示敬意。

為什麼呢？因為封聖的條件遠比成為一個超級英雄來得嚴苛。

第一個必要條件，就是：一定要死掉的人，才有辦法當聖人。

被稱為中世紀的教宗之父，自稱上帝的眾僕之僕。大教宗格列哥里一世（Pope Gregory the Great，五四〇～六〇四）在位的時候，除了大肆擴張權力，把教宗的地位提到跟皇帝一樣高（因此教宗也被稱為教皇），更霸氣地宣布：「任何活著的人類，都不得被稱為聖人。」

換句話說，只有死掉的人，才有資格被稱為聖人。當然也不能隨便死一死哦！在馬路上當三寶自己找死的那種離聖人的路上還很遙遠。最好的死法呢，就是堅定對基督教的信仰，而把自己的生命奉獻出去的殉道者。如果是這種犧牲，死後大概有八七％的機率能成為聖人。

第二個條件，是死了之後，必須獲得羅馬教廷官方認證，才能成為聖人。

由於有很多地方的教會自己搞聖人冊封，導致這裡也聖人，那裡也聖人，聖人遍地開花，數量多到聖人都不聖人了。羅馬教廷深知限量是殘酷的道理：只有限量，才會珍貴！也希望透過僅此一家、別無分店的聖人獨占市場，藉此加強羅馬教廷的威信與影響力。在十三世紀的時候，正式宣布，以

格列哥里一世

後中央伍為準，只有羅馬教廷封的聖人才是聖人。沒有官方認證，通通只是盜版山寨貨。

聖人！見證奇蹟的時刻！

最後一個條件，也是最重要的條件了：身為一個基督教的聖人，除了品行良好，除了可以為上帝做死之外，最最最重要的就是這個人的生前或死後曾經因為他個人的影響力出現過奇蹟！如果是殉道死的，至少要有一次奇蹟。如果不是殉道死的，至少要出現兩次奇蹟。

畢竟上帝之子耶穌活著的時候創造了無數奇蹟，包括耶穌本身三次死而復活，耶穌的閨密拉撒路死去的第四天，耶穌叫他趕快起來，他就復活了。然後耶穌常常手摸一摸，瞎子就看得見了，聾子就聽得到了，癱瘓的站起來……耶穌實在是居家旅行的必備良藥啊～所以啊，身為耶穌的門徒，要當聖人，至少也要來個一～二次見證奇蹟的時刻吧！

一九九七年九月十一日，曾獲諾貝爾和平獎、在印度加爾各答救濟無數貧苦病人聞名全球的德蕾莎修女病逝，當年《中國時報》第五版刊載的標題正是：「冊封聖人，教廷等待奇蹟」。

教廷等了多久呢？首先在一九九八年，有一名住在印度加爾各答的女子表示，她將德蕾莎修女照片綁在肚子上，睡了一個晚上，起床後胃部的惡性腫瘤就完全消失了。耶～第一個奇蹟GET！二〇〇八年，有個罹患腦瘤差不多快掛了的巴西男子，他的老婆想說不如死馬當活馬醫，在南美洲的巴西向已過世的德蕾莎修女禱告。天啊！她老公就因此痊癒了！真是太神奇啦～

耶穌與拉撒路

教廷於是把這些奇蹟開會開會再開會，討論討論再討論，又經審核委員會長期觀察，確認這些病患都有完全痊癒，而且痊癒原因無法以醫學解釋。扣掉所有科學能解釋的可能，剩下的不可能，那就只能說是德蕾莎修女顯靈了！

於是，在二〇一六年由教宗方濟各（Pope Francis）在梵蒂岡正式宣布將德蕾莎修女封為聖人。當時超過十萬名天主教徒湧入梵蒂岡聖彼得教堂前的大廣場，見證德蕾莎修女的封聖一刻。

從德蕾莎修女一九九七過世到二〇一六年正式封聖，Mother Teresa成為St. Teresa of Calcutta總共花了十九年的時間才達成聖人認證。更別說德蕾莎修女生前多年的無私奉獻，用了多偉大的愛做了無數的小事情。要成為聖人的那條路還真是漫漫長路呢。

聖人！真的不是一般人！

接下來，為了讓我們更珍惜身為平凡人的小日子，我們可以再談談兩位聖人不凡的人生。

聖丹尼斯（Saint-Denis）

他是法國的第一位主教，生活在西元三世紀左右，那個時候基督教仍是羅馬帝國迫害的對象。身為巴黎主教，他被當時的羅馬士兵逮捕，砍了頭殉道。奇蹟立刻發生了！據說聖丹尼斯頭被砍掉的瞬間，他面色不改，不疾不徐地彎下腰，撿起他的頭，若無其事地站起來抱著他那顆新鮮的頭，邊走邊講道，連續走了十公里，現場的羅馬士兵都看傻了！由於這段抱著頭講道的故事實在太marvel了，成為許多藝術作品描繪或雕刻的主題。

聖丹尼斯

也因為這段激情的殉道故事，他成為法國與巴黎的主保聖人。在基督教會中被尊為法國和巴黎的守護神。另外，據說頭痛時向他祈禱可以減緩不舒服！

關於這點我有神學邏輯上的吞嚥困難，頭痛的時候跟一個沒有頭的聖人祈禱?!他難道不會很感慨嗎？會不會心想：「我才羨慕你們還有頭可以痛吧！」只能說聖人就是聖人，對於信眾的包容心也是無比強大。

聖芭芭拉（Saint Barbara）

聖芭芭拉生卒年不詳，但據說是一位有錢異教徒的女兒，因為爸爸是控制狂，把女兒關在一座高塔中。在寂寞黑暗的高塔中，她倚靠著對耶穌基督的信仰撐了下去，成為了一位虔誠的基督徒，並且拒絕了爸爸為她安排的商業聯姻。

因此這個控制狂爸爸非常生氣，氣她成為基督徒，氣她不聽話，於是拔起劍打算殺了芭芭拉。劍要砍下去的時候，她集中所有念力祈禱，奇蹟出現啦！上帝就是行！她瞬間移動，逃出高塔。

但可能上帝又去忙別的事情了。她沒有逃得太久，就被抓回來了。控制狂爸爸把芭芭拉交給當地的政府，她被關在監牢裡，每天有各種酷刑為難

聖芭芭拉

她。然而她天天祈禱，每天早上她的傷口都會再癒合，然後再次受到新的折磨傷害。

最後，芭芭拉被判處死刑，並且由控制狂爸爸親自斬首示眾。大概是老天爺也看不過去這個變態的阿爸了，在執行完芭芭拉的死刑後，控制狂爸爸在回家的路上，五雷轟頂，天火降臨，爸爸被燒成了灰燼。而芭芭拉也因為她對信仰的堅定，在死後被封聖，變成聖芭芭拉。

聖芭芭拉身為壯烈的家暴受害者，這樁慘絕人寰的虐童案，成為西方美術重要的創作主題，她的形象出現在各種壁畫、油畫、雕塑、彩色玻璃和手工製品中。

要認出她還滿容易的，畫面中若是有少女又有個高塔在旁邊，那應該就是聖芭芭拉了。

由於在她的故事最後精采大結局裡，又是閃電，又是火焰，轟隆隆地特效十足，聖芭芭拉因此成為炮兵、礦工、消防員，以及使用爆炸物相關職業的崇拜者。至今，英國皇家海軍炮兵的守護神是聖芭芭拉，德國礦工的守護神也是芭芭拉，在捷克進行隧道爆破工程的期間，聖芭芭拉的雕像會被放置在未來隧道入口附近作為庇佑的象徵。

談了這麼多成為聖人的可能與聖人的故事，你想成為聖人嗎？

比較起來，我還是喜歡自己的小心眼小脾氣小任性。文藝復興之父佩脫拉克曾說：「我自己是平凡人，我只要求平凡人的幸福。」我沒有想要創造奇蹟，更沒那個雄心壯志為主犧牲。只能唱一首五月天的〈笑忘歌〉安慰自己：「這一生志願只要平凡快樂，誰說這樣不偉大呢？」

3．LADY真的FIRST嗎？

通常談到中世紀的騎士時，我的學生會這樣形容他們腦海中第一時間浮出的形象：身著盔甲手拿劍盾，裝備滿分，還要再加上一匹很帥的白馬，再搭配上忠誠勇武，誠實可靠的人設，彷彿每次登場都會自帶BGM：「榮譽在我心裡，我就不怕風浪，不怕風浪，不怕風浪。」

如果是女學生的幻想，大多還會再加上粉紅色濾鏡，來點戀愛泡泡；男主角身邊會再多個女主角。騎士本人多半是一副深情守候的忠犬樣，想愛不敢愛，默默守護的劇情讓人揪心。或者喜歡霸道總裁的設定就會長這樣：高冷的騎士平日沉默寡言，但對於心愛的女子愛護非常，一個不小心就讓強勢捍衛的霸氣外露。講到這邊，少女的尖叫聲都快要隨著想像在現實的課堂裡叫出來了。

這樣的幻想還真的其來有自。例如十二世紀晚期法國的騎士文學作品《Perceval ou le roman du graal》就有這樣很讓人少女心噴發的台詞。騎士柏斯

騎士柏斯溫與心上人告別的場景

溫準備出發作戰，出發前帥氣地對著心上人說：「如果我打敗他，如果我殺了他，您必須以愛情回報我。其他的報答，我都不要！」幾百年後瓊瑤劇裡的馬景濤看來應該多少有在跟柏斯溫致敬。

不只是文學作品這樣紀載，同樣在十二世紀時的一章法文社論，寫道：「人人應努力為婦女效勞，以便受到她們恩寵的照耀……因為世人做的一切好事，都是出於對女性的愛，都是為得到女性的讚美……」當時貴族社會裡甚至有論調：每個女性都該被視為是王后。身為騎士應該把愛情當作成一種藝術，一種信仰，才能昇華自己的靈魂。

然而，這是男人的嘴炮而已，還是歷史的真實呢？中世紀的騎士真的風度翩翩，女性是一心被呵護、被景仰的對象嗎？

中世紀就有仇女情節！

不是故意要打破大家粉紅泡泡的濾鏡幻想，其實呢，大家一定要有個概念，就是在基督教信仰籠罩下的歐洲世界，婦女的地位長久以來都是處於極度卑屈的狀態。

以大家都熟悉的故事來說，夏娃作為舊約聖經世界裡的第一個女人，只不過是為了作為亞當的另一半才被上帝創造出來。亞當身為男人，是一個完整的人。夏娃身為女人，則只是亞當一根肋骨的化身。

在聖經的敘述裡，夏娃畢竟是肋骨的化身嘛，生來不附贈大腦的蠢萌女人，聽信了蛇的讒言，不只自己吃下了禁果，還進一步教唆亞當也吃了不該吃的東西。於是人類的厄運就此開始了。這一切的不幸，都是因為女人誘惑男人！所以神邏輯來了，女人必須接受男人的統治和忍受生育痛苦的雙重懲罰。

到了新約，使徒保羅跳針般地不斷強調「妻子必須服從丈夫」。最知名的大概是《以弗所書5：22—33》這段內容了：「你們做妻子的，要服從自己的丈夫，如同服從主，因為丈夫是妻子的頭」看到這些文字，大概現代女權主義者都要彈出來跟保羅作戰了。

但，先不用急，還有更讓現代人不解的荒唐論述呢。

由於聖經的內容，就是中世紀歐洲人們所信奉的唯一圭臬。女性的地位在神學成為社會主宰的氛圍下，很自然而然地成為男性的附屬。

使徒保羅

當時很多有地位的人都認為，絕對不可以給婦女太多的受教育機會。理由一是，她們天生在各種能力上都輸給男人啊，那幹嘛浪費教育資源給比較沒有能力的人類呢？理由二，如果女人受了教育啊，那她們就會變得很叛逆，會讓整個社會變得不和諧！對於整個社會的秩序B＞Z（弊大於利）。

掌握中世紀話語權的神學家還認為，其實在維護婚姻關係的和諧方面，老婆的責任遠大於老公。因為老公要出門賺錢很辛苦啊，還要參與各種公共職務的推動，壓力山大。所以如果有時候脾氣差了點，講話大聲了些，甚至動手動腳，這也是情有可原的嘛！老婆就應該像一名冷靜且熟練的馴獸師對付狂怒的獅子那樣，好好安撫情緒失控的枕邊人！她應該要有絕對的耐心與體貼，帶著智慧與溫柔去撫慰老公。即使對方有任何亂七八糟的不當行為，作為妻子也應該加以原諒，並盡可能地幫忙掩蓋。

哎呀我的眼睛業障重啊！是不是看到這裡，吐槽點都要滿出來了。如果男人真的天生能力高於女人，那為什麼有壓力的時候就可以任性地不顧一切崩潰？如果女人天生能力低於男人，那為什麼又要求我們具備有收拾各種爛攤子的無敵能力?!

不過，其實身為女性也不用憤慨地過早。TED點閱率破四千萬，知名的講者布芮尼．布朗（Brene Brown）在〈脆弱的力量〉演講中，提到坦然接受自己是脆弱的，會讓我們更有力量。

身為中世紀的弱勢女子，有時候反而在法律上是一種保護傘。

主宰中世紀社會秩序維護的教會法，即認為由於聖經要求女人從屬於男人，因此女人沒有獨立行為的能力，當然無法左右影響丈夫的行為。所以妻子毋須因為丈夫犯罪而受累。（欸，那為什麼當初亞當會聽夏娃的話吃蘋果啊？中世紀的邏輯都長到哪裡？）

整個中世紀社會的氛圍，不斷強調由於女性天生脆弱，所以女人需要獲得更多的保護與體諒。在有關婚姻的法條上，就有明確提到通姦的男人比通姦的女人必須受到更嚴厲的懲罰……這樣看有沒有覺得比較解氣了呢？

騎士男不意外?!

好像離我們一開始的想像很遠了……難道那些騎士精神都是掰出來的，盔甲後你深情守護的表情都是文學作品裡的想像嗎？LADY到底有沒有First啊?!

大家是不是都誤會「LADY」了呢？一九一三年出版的韋伯字典，這樣解釋LADY的字義：

「A woman having proprietary rights or authority.」

一個擁有權力的女人是什麼女人？就是古代大門大戶的女子啦！說到底的，騎士跟現在的台男沒什麼兩樣啊，每個人都想少奮鬥三十年！

騎士尊重的是那些有錢有勢的女子，騎士保護的是那些具有貴族身分的女子。大多數的騎士會學習唱歌，演奏樂器或背誦抒情詩，參加比武大賽，展現勇武英姿。透過允文允武的全方位表現，除了能塑造起個人良好形象外，也可以取悅那個年代的「LADY」，為自己贏得聲望與地位。

騎士就是那個年代最低階的貴族，只有把到對的妹，娶到身分地位高一階的老婆，才能夠把他們的社會地位拉上去。騎士耍的帥，展現出的忠誠，力爭的榮譽，以及種種對於女性的優待表現，很大一部分都是為了去吸引貴婦或者是有地位的女孩們注意！騎士也是有想釣富二代的夢想啊！

所以，與其說騎士男與LADY女是一種戀愛關係，不如說在那個年代，騎士男的恭順與LADY女的悅納，這種互動其實還是屬於中世紀下屬臣服於上位者，君臣關係的一種型態。

說到最後，古今男人都不例外，常常娶到手後，婚前婚後兩個樣。人前手牽手，人後下毒手。那個效忠領主、獻身上帝，追求一種偉大榮譽的騎士人設形象已過分柔焦。歷史上沒有修過圖的真實騎士模樣可以參考一下一九八九年袁傳偉譯《西洋中古史》提到的一段內容：「十一、十二世紀的騎士經常獨自飲酒，喝得酩酊大醉後不省人事。如果他在下西洋棋時生對手的氣，那麼，他就會打那個令人佩服的西洋棋手的頭。當一個僕役給他送酒的動作稍慢時，他就會用標槍擲該僕役，叫他動作快些。倘若他的妻子生他的氣，他就會兇狠地打她。」

中世紀的騎士

不只童話裡都是騙人，騎士精神也是騙人的。

4．中世紀防疫大作戰——戴口罩也擋不住的黑死病

馬的你不思議　突然的想念你
電腦螢幕前的身影　只有孤單被隔離
馬的你不思議　突然那麼的潔癖
每天噴酒精手快脫皮

——詞／唱：Ms. A

二〇二〇年開局至今，我們逐漸適應遊走在似乎快末日的光景，伴隨每天下午兩點的中央流行疫情指揮中心記者會，每見確診人數加一點，泡麵就再買一點，通往不可預知的未來裡，抱著一大堆衛生紙總能讓我們安心多一點。

春天都還沒結束，世界各國就已陸續宣布邊境管理政策，試圖斷開魂結！斷開鎖鏈！斷開一切的人流物流。原來遊戲瘟疫公司（Plague Inc.）都是真的。這種沉浸式體驗，能不能說不要就不要。

彼得・布魯格爾（Pieter Bruegel）《死亡的勝利》，描繪被瘟疫摧毀的中世紀歐洲。

關於人類與瘟疫的戰鬥，在歷史上不是第一次了，我們曾經比現在更絕望過。

一三三八年，義大利佛羅倫斯全城有約九萬的市民人口，因為黑死病的流行導致五萬五千人死亡，整個城市有六成的居民，彈「鼠」間灰飛煙滅。英國倫敦在疫情最慘烈的時候，兩個月內，倫敦原有的五萬居民只剩三萬，牛津大學有三分之二的師生過世，英國國會直接宣布在疫情結束前無限期休會。中世紀當時教皇所居的城市，法國的亞維農，有一半的人口因黑死病被上帝召喚。英法百年戰爭更是乾脆宣布中場休息，人都不夠死了，還有必要打仗嗎？因此休戰十年。

由於當時的人口統計並不精確，歷史學家無法掌握中世紀黑死病大爆發時確診死亡的總人數。但基本的共識是：歐洲與現今中東地區的確診死亡率，平均數大約落在當時總人口的三〇％～五〇％。

這數字可怕嗎？二〇〇三年的ＳＡＲＳ死亡率約一〇％。而人類史上打擊最慘重的第二次世界大戰，傷亡人數估計約七千萬左右，則占當時地球人口不到三％。

這場來勢兇猛的黑死病災難，嚴厲地挑戰了人們對於生與死的認知，我們到底該怎麼做，才能夠阻止它繼續張狂地蔓延？

無知之戰帶來無限之戰

我們今天有一定的公共衛生概念與醫學常識。文組腦也知道黑死病又稱鼠疫。簡單來說：黑死病的病原體來自於老鼠，跳蚤咬了老鼠，就中獎啦！跳蚤再去咬人類，就換人類生病了，這一條傳染大道是從動物走向人類。

但是黑死病厲害的地方在於，人類得了之後，病菌侵入到肺部，開始咳咳咳，咳個不停，就形成飛沫傳染，開闢出新的傳播道路。又或是得了之後，病菌侵入人體組織，造成微血管破裂形成內出血，如果這時候身上有傷口又不小心接觸到患者的膿血，又開通新的一條傳染途徑了。

老鼠跳蚤很難防，人跟人的接觸更是難防。然而，世界上最遙遠的距離並不是出遊還要保持社交距離，而是黑死病就站在你面前，你卻完全不知道什麼叫防疫。

首先你必須瞭解，中世紀並沒有微生物的概念，什麼細菌病毒？那是什麼？可以吃嗎？中世紀的歐洲人認為黑死病主要是由垃圾、腐肉與各種不潔物質散發出的惡臭空氣所傳播的。

關於中世紀有這樣的想法，只能說完全不意外。

對於旅行社那些歐洲蜜月旅行套裝行程介紹：#漫步中世紀　#走進童話裡　#每個都想去　#心情都浪漫起來了呢

我只能說畢竟現在是二十一世紀，等你穿越後，你哪裡都不想去。

在中世紀，沒有衛福部也沒有衛生所，沒有垃圾車，沒有資源回收場，更沒有化糞池、汙水道。垃圾丟哪裡呢？就隨便丟啊！大便小便都去哪裡了？就路上隨便大啊！講究一點的，頂多就是家裡後院挖個洞，大下去；或是先用桶子蒐集起來，集中到一定的量後再倒到街上或是河裡去，然後等待大雨一場，洗淨整個城市。

你說，這樣的中世紀能不發臭嗎？

為了防止自己吸到不乾淨的空氣（以至於感染黑死病），當時有這樣的防疫方式：有錢人會配戴裝有香草的小袋子便於防身，是不是有一種端午節戴香包的既視感呢？

在芳療法盛行之下，月桂葉和牛膝草被認為是重要的防疫物資，人們還會利用這些香草植物做成簡單的清潔用品，擦拭腋下，噴灑衣物，作為除臭＝消毒用。

直到十七世紀，法國醫生查爾斯・德洛姆（Charles de Lorne）設計用來防疫的防護衣，也就是我們所熟悉的瘟疫醫生形象，還維持惡臭空氣等同病原體的概念。那個鳥嘴面具其實就是防毒面具，鳥嘴裡會裝填帶有香味的草藥混合物，只要戴上就能夠防止吸入汙染空氣，同時也可以呼吸到新鮮的藥草氣味淨

戴上鳥嘴面具的瘟疫醫生

化髒東西呢！

歐洲人相信洗完澡後毛孔會擴大，這會導致壞空氣的感染更容易進入人體。因此，洗澡與疾病傳播有關，能夠盡量不洗澡就不要洗澡。跟我們現在鼓勵大家勤洗手完全是不同世界觀的思考。

除了髒空氣是傳染源的說法之外，對於教會來說，黑死病是人類犯了錯，上帝因世人的罪孽而降下的懲罰。

因為人類的自私貪婪與縱慾，帶來了神的天罰。為了安撫上帝之怒，在歐洲義大利及日耳曼地區興起了一種被稱為「鞭笞派」（Flagellants）的基督教徒。這群人會進行自我懲罰的贖罪活動，一年中會舉行大型的防疫儀式，整整一個月的時間，他們會穿著長袍在營地裡集會，屈膝跪地，手持皮鞭，配合聖歌的節奏互相鞭打，直到鮮血淋漓。

鞭笞派教徒認為透過折磨自己的肉體，上帝就會寬恕人類，進而免去黑死病的神譴。他們平常時會行走於街頭，不斷推銷拉攏新成員，相信只有更多人加入傷害自己的行列，上帝才會盡快平息憤怒。

可怕的是，這群人從一開始的自責，漸漸轉為遷怒。對黑死病手足無措

鞭笞派

的絕望，帶來了歇斯底里的瘋狂，他們認為自身的鮮血還無法止住疫情的詛咒，這一切都是猶太人的錯，是猶太人在水源中下毒，導致疫情散播。這樣的傳言引發恐慌，後續帶來了一連串屠殺猶太人的迫害行動……

這劇情離我們很遙遠嗎？新型冠狀病毒帶來的疫情，在國外也衍生了許多相關的排外、種族主義或地域歧視爭議。世界各國一面為了抑止疫情蔓延盡最大努力，也同時陸續傳出亞裔居民在世界各地遭受種族歧視甚或暴力的意外。歷史離我們不太遠，是吧?!

綜觀中世紀的防疫策略，你會發現當你根本不知道敵人在哪裡時，無知之戰只會帶來無限之戰。面對這些徒勞無功的防疫策略，我只能respect！

末日選項：隔離或群聚？

沒有任何醫生的建議，沒有任何有效的藥物可以克服或減輕這種疾病，似乎與病人交談或靠近病人，就連觸摸到病人碰過的任何東西都有機會帶來感染。更可怕的是：幾乎沒有人恢復健康，多數病人在出現病徵後的三天內死亡。

當死亡變得如此稀鬆平常，當死亡變得如此措手不及，這麼暴力的疾病，帶來了兩種背道而馳的生活選擇：

一種方式是選擇隔離，為了避免接觸到生病的人以及屬於他們的一切。他們遠離人潮擁擠的城鎮，組成了新的社區，彼此之間完全分開生活，把自己獨自關在房子裡，撙節使用資源，回應上帝的信條，過著節制的生活。這是居家隔離的中世紀版。

另一種選擇則完全相反，這群人從他人的死亡中，看見了自己生存的美好，與其懼怕死亡，不如鼓起生活的勇氣：「向死而生」，好好珍惜活著的時刻吧！不斷舉行宴會縱酒狂歡，暴飲暴食，對發生的任何事情一笑置之。從白天到黑夜，從自宅到酒館，盡情娛樂。

有的政府試圖努力減少傳染源，當時義大利半島的重要商港城鎮，陸續禁止病人進入港口與城內。只要船上有疑似病例的患者，通通扣留起來，並且把與他們有接觸的人也全部隔離起來。

像地中海的商業霸主威尼斯，就要求所有來自疫區港口的船隻，需在港外的海面停留四十天之後，確認船上人員皆無症狀才能靠岸。四十天的義大利文：quaranta giorni，有沒有覺得很面熟啊？是的，這就是今天英文隔離單字「quarantine」的詞源。

有的政府自己也受到重挫，開始懷疑人生。伊比利半島的卡斯提爾（後來的西班牙）國王阿方索十一世（Alfonso XI of Castile）不到四十歲死於黑死病，即使貴為人君，也難逃死劫，就連自稱為靈魂拯救者的神父也不例外。在英國約克郡，一半以上的教士染上黑死病死去，在天主教會裡地位僅次於教宗的紅衣主教們有三分之一死亡。這是人生的無常，還是人類的日常？當無常成為日常，階級算什麼？在死神面前，我們一律平等不分貴賤；當禱告都失常，信仰能做什麼？生命如此脆弱，上帝無從倚靠。

假若，世界末日就要到來，你選擇如何度過最後的日子？你是居家隔離宅宅派？還是出門狂歡party guy？不管順時中、逆時中，疫情帶來的恐懼，都讓我們把自己內心的渴求看得更清楚。

阿方索十一世

「向死而生」——Das Sein zum Tode

我們以為死亡會帶來巨大的崩潰，是！當然會。

在末日威脅下，勞動力大量死去，人都走了，田園自然荒蕪，手工業跟著停擺，經濟衰退是再正常不過的事了。

你以為世界就要瓦解了，但沒那麼容易，還不用政府提出紓困方案，也不需要發放酷碰券。為了找到還活著的人繼續工作維持生計，工資不斷調高，所謂重賞之下必有勇夫，在英格蘭地區十五世紀的工資是十四世紀的兩倍，只要你還活著，就有希望；只要你還活著，就能調薪。下層階級由於工資的上漲，反而使得他們的地位與生活水平都獲得改善。

正因為世界就可能要瓦解了，疫情肆虐難以抵擋，那我們能做些什麼就盡量做些什麼吧！對於醫學實驗與雇用醫師的限制盡可能放寬，在管理城市居民的行為規範上與公共衛生措施盡可能從嚴。這些調整，一方面讓日後的歐洲醫學發展奠定基礎，另一方面有效提升了歐洲的城市管理水準。

對，你真的以為世界就要瓦解了，黑死病帶來的不確定與恐懼，讓你知道信仰並不可靠。如果服從上帝的安排只換來瘟疫的蔓延，但我並不想死，我能做些什麼嗎？如何脫離末日盡頭的困境，當我們試圖為擺脫命運宰制而思考，這就已經在為恢復人的主體地位而彩排。

只有當我們站在死亡面前，才更看得清生命的意義。是那麼急迫逼人的死亡，催生了人類對於自身生命價值的檢視與覺醒；是一場黑死病的浩劫，帶領歐洲向死而生脫胎換骨，人文主義再度抬頭後，才能走向全新的時代。

二〇二〇年，這一場全球的新型冠狀病毒危機，又會帶我們走向哪裡呢？我想，這是提醒我們重新思考的時刻。當我們習以為常的生活有可能會被動搖時，我們才會更加珍惜「日常」的可愛與可貴。

5．翻開覆蓋千年的卡牌，召喚：希臘羅馬

義大利人：來！歐洲同學，決鬥！

義大利人：由我先攻（抽牌），召喚「人文主義」，採取攻擊狀態。覆蓋兩張牌結束這回合。

歐洲同學：輪到我了（抽牌），召喚「中世紀教會」採取攻擊狀態。覆蓋一張牌結束這回合。

義大利人：翻開覆蓋千年的魔法卡「希臘羅馬」，裝備在「人文主義」身上。發動特殊能力：以人為本，破壞敵人場上「中世紀教會」這隻怪獸！

如果遊戲王可以這樣玩，肯定是推出了文藝復興系列牌組。

文藝復興的時間點大約落在十四世紀開始，直至十六世紀後期的發展。這個時代可以說是西方文明的轉捩點，藉由人文主義精神的抬頭，從一個凡事天注定的時代氛圍，人們開始試圖找回屬於人類自身的潛能與價值。

文藝復興的英文稱為「The Renaissance」，辭源來自義大利文「Rinascimento」，就是「重生」的意思。

什麼東西的重生呢？答案是：「希臘羅馬」。

中世紀，是一個凡事以服務上帝為最高指導原則的時代，藝術作品皆是以宗教為創作題材。每次走進博物館中世紀的展區，對聖經沒半點概念的人進到館中，根本是無魂有體親像稻草人，絕對看得霧煞煞，舉目望去，只有滿滿的耶穌與祂的快樂夥伴們！「我到底看了什麼啊？」沒有自帶一個基督徒背景，肯定無法體會畫中的故事脈絡與各種細節巧思的安排。

然而文藝復興的眾位大師們，從希臘羅馬時代遺留的作品，接收到千年前作品的靈氣，進而鎔鑄當代的創意發想，無論是創作的技法或描繪的主題，都有了大幅度的新意與變動。

其中，有一個字眼，我一定要像個國文老師一樣，特別錙銖必較。這裡的用語是「重生」，而非「再生」。白話來說，文藝復興絕對不只是希臘羅馬時代的複製貼上再來一遍，而是借屍還魂。靈魂雖然一樣，但載體變更，在千年後重新活一次，其生存姿態與需要應對的時代任務已大不相同。一以貫之的是，確實召喚出那些消融在神學研究許久的古希臘羅馬哲人精神，也就是我們一開始提到的「人文主義」：強調人性的尊嚴與高貴，以及關注人類理性的實踐。

這樣講有點太抽象，再口語一點地說：人文主義就是讓「人」成為一個「人」。是在哈囉？

讓「人」成為一個「人」，容易嗎？

在中古時代，作者面對基督教世界觀的統治與全面壓制。藝術創作必須為神服務，神是至高無上的神聖代表，不哭不笑不哀不樂，所有情緒抽離，才能成就神的偉大，保持與人類的距離。

動不動就哭個死去活來，或氣到理智斷線，對來禱告民眾咆哮的，那才不是基督教的神咧！

不過，就算是身為一個人，即使活在今時今日，我們很多時候想笑的時候不能笑，想哭的時候不能哭。會議上長官冗長的廢話，我們一個白眼也不敢翻。失戀後的隔天，還是得假裝若無其事去上班上課。人類的日常，不就是壓抑情緒，勉強自己，為了配合這個世界的規範，上至道德秩序、下至打卡時間、瑣碎校規？我們從不能活得從心所欲。

人文主義試圖提醒我們，我們得有向世界表露真實自我的勇氣。

起源於義大利

文藝復興既然是一場希臘羅馬文化的重生運動，那起源在義大利半島一點都不意外。

第一，義大利是古羅馬帝國的中心，在這裡進行穢土轉生之術，所召喚出的希臘羅馬靈魂當然是最道地的啊！而且，羅馬帝國實在是為文藝復興的藝術家，留下了大量的遺產。哪一天遇到了瓶頸，往地下隨便挖一挖就可以挖到創作的靈感。

著名的勞孔群像就是一五〇六年在羅馬挖出來的，創作的主題是古希臘史詩裡提及勞孔父子被海蛇纏繞而死的畫面。男人肌肉健美賁張，肉體極度的伸展扭曲，象徵人類在神意操弄下，仍然試圖用盡全力拚搏的掙扎。雕像不說話，卻在無言中流露強烈的悲慟與絕望。這看了令人瞠目結舌的戲劇性作品就

勞孔群像

在古羅馬皇帝尼祿的密室遺址被挖出來。身為文藝復興時代的代表大師米開朗基羅就曾被勞孔群像所刻劃的男性體格深深吸引，在他的不少作品中都可以看到雄偉的男性肌肉，以很誇張健碩的程度，布滿整個畫面。

第二，藝術創作是很燒錢的，需要有大量金錢贊助，而義大利中北部因為掌握地中海貿易的主要商機，誕生了好幾個富裕的城市，例如佛羅倫斯、米蘭、威尼斯。

人有錢了，總不希望自己一直像個暴發戶、土豪。畢竟人人心中可能都住著一個文青，也明白家族也許富不過三代，但有些事情一旦做了就可以遺留千秋萬代，佛羅倫斯的美第奇一門（Medici）就是深切落實這個道理的家族。

美第奇家族在十八世紀斷絕子嗣，但他們贊助過達文西，幫助過拉斐爾，重用過米開朗基羅，文藝復興最重要的藝術三傑都蒙受雨露恩澤，為這世界留下了許多美麗且偉大的作品。就更別提佛羅倫斯市中心的聖母百花大教堂，論世界第一名優雅的大教堂，或是最適合網美打卡的教堂，就我個人私心來說，絕對非它莫屬。

一個家族的興衰存亡可能會受到時間遷移，注定其有限性，久而久之就被遺忘在歷史的長河。然而美第奇家族選擇在藝術方面大量投資，讓這個家族超越了時間，成為每個時代的人們仰望聖母百花大教堂同時想起的印記。

速寫文藝復興最強男團

號稱文藝復興三傑的這三位人物，達文西、米開朗基羅、拉斐爾，並非因為主演忍者龜而出名，而是他們可以算是當代的斜槓青年，正所謂文藝復興時代的全人型通才。他們橫跨各領域知識技能，因此更有能力跳脫傳統桎梏，可以進一步創造出獨具新意的藝術作品。

拉斐爾（Raffaello Sanzio，一四八三～一五二〇）

拉斐爾就年紀而言，是達文西與米開朗基羅的後輩，他人帥心美，不像米開朗基羅脾氣暴躁，也不像達文西那麼古怪，就是一個隨和親切的帥哥！個性好，配合度高，教宗老闆太喜歡他了，可能半夜都會哀怨，為什麼拉斐爾這麼晚才出生，又這麼早過世，害他只好忍受另外兩位難相處大師T_T

拉斐爾

明亮柔和的色調，恬靜安詳的構圖，比起蒙娜麗莎那抹太神秘的微笑，一般民眾都看得懂拉斐爾的作品。

最親民的作品群在於一個平凡的主題——聖母聖子像。過去中世紀的畫家，在聖母聖子像這個主題可沒少畫過，但都讓人一看覺得像是鬼片的電影海報，要嘛是孤兒怨，不然就是陰兒房。一個個聖母聖子面無表情眼神死的樣子，到底是要嚇誰啦？

而我們的國民畫家拉斐爾就是能把這個主題畫出一個新境界，精緻柔和的聖母像，自然而然散發出母愛的溫柔，懷抱著粉嫩的聖子，讓人彷彿從畫裡聞到了嬰兒獨有的奶香味。拉斐爾將親子的幸福喜悅灌注到嚴肅的宗教畫作，讓遙遠的上帝之城，回歸到人間的家庭溫暖，平民大眾皆能賞閱。這是拉斐爾在當代就被稱為是羅馬的拉斐爾，意思就是拉斐爾是我們大家的。

畫迷：拉斐爾拉斐爾我們愛你、拉斐爾拉斐爾我們愛你～～這就是拉斐爾年紀最輕，早早過世，卻能跟兩位大師齊名平起平坐的原因。

（左）拉斐爾的聖子聖母像；（右）中世紀的聖子聖母像。

米開朗基羅（Michelangelo di Lodovico Buonarroti Simoni，一四七五～一五六四）

米開朗基羅的名字其實就是基督教的大天使「米開」之意，Michelangelo=Michel+Angelo是當時義大利常見的男生菜市場名。

不過米開朗基羅的個性一點都不天使，非常的暴躁，EQ甚低。他很討厭達文西，也跟人人好的拉斐爾處不來，是一個脾氣壞到會直接當著達文西面前飆髒話，一點都不天使的米開朗基羅。

縱然他個性機車，人又孤僻，但追求完美的性格，注定讓他成為一代宗師。

「Pietà」（聖殤）是基督教符號學的專有名詞，專門指耶穌被釘在十字架死後，卸下聖體，聖母瑪利亞懷抱著他哀慟的樣子。中世紀的聖殤，面對這個主題很容易處理成凶殺案，讓人驚悚；或是技法不夠精煉，失敗的雕刻技巧，往往讓懷抱耶穌的聖體那畫面歪樓成喪屍片。

然而，米開朗基羅明明是運用冷硬剛性的大理石，卻能雕琢出皮膚的柔軟與溫度，無力垂掛的頭部與手臂明顯突出耶穌死亡的沉重與悲劇。而這件作品的聖母表情平靜無言，沒有死亡現場的撕心裂肺，卻在無聲勝有聲的情緒裡，讓人

MICHELAGNOLO BONARROTI PITTORE, SCVLTORE, E ARCHITETTO FIORENTINO

米開朗基羅

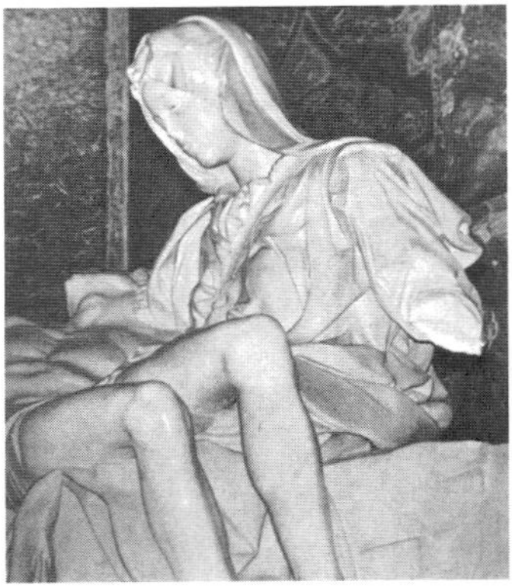

(上、左下) 米開朗基羅的聖殤
(右下) 中世紀的聖殤

理解聖母已將最沉痛的哀傷轉化成安靜地凝視，昇華為最莊嚴的哀悼。

當時完成這件作品的米開，才二十三歲而已。也許就是這樣早熟卻孤傲的米開，才能忍受獨自一人四年在西斯汀禮拜堂大廳十八公尺高的天頂上作畫。從起草構圖到上色，全部自己動手完成，在滿滿的肌肉下，有著米開朗基羅對藝術堅定的熱情與瘋狂。

達文西（Leonardo da Vinci，一四五二～一五一九）

中文的維基百科這樣介紹達文西：「義大利文藝復興時期的一個博學者：在繪畫、音樂、建築、數學、幾何學、解剖學、生理學、動物學、植物學、天文學、氣象學、地質學、地理學、物理學、光學、力學、發明、土木工程等領域都有顯著的成就。」

對，他十項全能！達文西好棒棒，什麼都略懂略懂，他根本可以自己開一家達文西大學，分設各學院，自己兼任院長與開課教授，一條龍包到底。

不過現實是可能每個學院都找不到院長，每一節上課的時候老師都遲到又早退。一門課開到學期中，就因為老師不想上，莫名停開了！

達文西

怎麼說呢？以作為讓達文西享譽古今天下的頭銜之一「畫家」來說，他活了六十七歲，只有留下不到二十幅的真跡畫作，其中還有部分未完成。他是畫到一半就中途離線，再也不讀不回的那種任性。人家梵谷活了三十七歲，又窮又衰，還沒有人要贊助他！從二十七歲開始學畫畫以來，拚了命地投入，畫了二千多幅！

這樣一比，我們達文西真的母湯！

畢竟達文西實在太忙了，每個學問都想學，每件事都想做，為了讓他畫得更好，他常常中斷繪畫的事業，跑去做別的事情。

譬如說達文西為了準確描繪出畫中人物擺各種姿勢時，肢體改變時肌肉的變化，因此跑去解剖屍體。還不是研究個一具兩具就能滿足他的好奇心與求知欲哦！在歷史上，達文西至少解剖過三十具屍體，這個男人所繪製的人體解剖圖，無論是各器官組織的相對位置或是肌肉紋理，都跟二十一世紀的人們所掌握到的醫學知識相差無幾。

再來畫家對於光影變化是很敏感的，如何在畫中呈現光線的變化以突出主題，達文西這狂人可不是走到戶外寫生如此而已。他追本溯源，認為應該要搞清楚地球上兩大光線的來源，才能解決他的問題，於是對太陽與月亮有了癡迷的投入！發明望遠鏡的那個男人伽利略要等到達文西死後四十五年才出生，達文西則已經開始著手研究天體運行了！

有人說達文西是拖延症患者，我們沒辦法認識他本人瞭解實情，但從他接案後的工作狀況來說，達文西的時間觀念有夠差勁！他最知名的畫作——蒙娜麗莎的微笑，從接到委託後至完成，總共花了十六年。如果你是蒙娜麗莎，真的會笑不出來！另一幅難得完成的作品〈岩窟中的聖母〉從接到案子後到確定交貨，整整用了二十五年。可憐哪~當初廠商跟達文西講好的是七個月啊！

那個自由的男人——達文西，在做自己喜歡的事情時，無法注意到時間的變化，總是不知不覺把心力放在更好玩或更感興趣的事上。這可能就是達文西之所以是文藝復興時代最具代表性的人物的理由吧！

所謂的人文主義，不就是回到人類自己本身，以自身經驗對自己、對上帝、對大自然重新地探索與認識。達文西只是把這樣的想法做到徹底。在客戶眼中看來，他遲交違約，超不受控！但在達文西的心裡，好奇才是殊榮，他只想把握有限年華探究這世界的真理。

達文西〈岩窟中的聖母〉

6・法國史上那些叫「路易」的國王們

翻開歷史課本，法國的國王有好多個路易。

歐洲的國王名字其實邏輯很簡單，這個朝代的第一個路易，就會被稱為路易一世。也許過了幾百年以後，終於出現了第二個叫做路易的國王，那麼不論跟上一個路易差了幾代，就算已經是上個路易的曾曾曾曾孫，就會是路易二世。

在法國歷史上，第一個路易，也就是路易一世，他是查理曼大帝的兒子與繼位者（法語：Louis Ier，西元七七八年四月十六日～八四〇年六月二十日）。跟他偉大的爸爸比起來，路易一世為人顯得非常的樸實無華且枯燥，比較值得一提的是，他對基督教有著巨大熱情，花了很多錢到處修繕與新建修道院，因此又被稱為「虔誠者路易」。

知名度最高的路易，是第十四個路易，路易十四。

他是高端時尚的代言人，只要想到一個穿著絲襪，戴著高聳假髮，配上紅色亮麗高跟鞋的國王，每個學生都可以立刻呼喊出路易十四的名字！畢竟我們難得可以在記載一堆死人的歷史課本裡面看到這麼「飛炫」的男子！穿著品味獨領風騷的路易十四，是世界歷史中在位最久的君王，他總共當了七十二年又一百一十天的國王。

然而路易十四就算自帶光環，擁有「朕即國家」的霸氣，也無法持續帶給他的後代長治久安的好運，歷史課本中最轟轟烈烈的情節之——法國大革命緊接著登場了！

路易十四

路易十四的五世孫路易十六，八月二十三日出生，卡在獅子座與處女座之間，既沒有獅子座的霸氣十足，也沒有處女座的務實沉穩，他的個性是出了名的優柔寡斷。

路易十六處理國家大事猶豫不決，他的軟弱成就了他的悲劇。面對法國大革命的民意大海嘯，他與一家人Cosplay成平民出逃，結果在邊界就被識破抓包，被一群正義魔人帶回去巴黎關押，最後判決死刑，直接送上斷頭台。明明幾十年前，他

路易十六

的曾曾曾祖父路易十四才把法國打造成為歐陸最強帝國，將法國的王權推向最高峰，如今卻是功虧一簣！一個國王能夠當成這樣，衰到一路直奔斷頭台，也算是一種另類的成就解鎖吧！

路易十六過世後，接下來是法國戰神拿破崙展開風風火火的輝煌時代，哥要占據課本至少一頁的版面，我們歷史老師才可以讓他滑鐵盧，一路滑到南大西洋的小島上！

拿破崙滑走了，那法國國王是誰呢？就是路易十六的弟弟——路易十八。但是在拿破崙當家的時代，得知哥哥被砍頭的路易十八嚇到不敢回法國，一直

上了斷頭台的路易十六

躲在國外避風頭。

講到這裡，應該有人會舉手發問：「老師～～～怎麼忽然就十八了，十七咧？」

說起來就讓人不得不感傷啊！因為歷史上，路易十七只活了十年（一七八五～一七九五年）。

路易十七是路易十六跟瑪麗王后的孩子。「生不逢時」應該是最適合他的形容詞，他出生於一七八五年，法國大革命的前四年，原本應該是銜著人人稱羨的金湯匙誕生在凡爾賽宮，等著繼承偉大富庶的法蘭西帝國。然而，面對法國大革命的衝擊，路易十七只能說「最恨生在帝王家」。

路易十六在西元一七九三年被處決

路易十七

後，父死子繼，路易十七很自然地被當時的保皇黨拱上王位。此時他才八歲，就背負著保皇黨的期待，成為國王。阿爸都被送上斷頭台了，八歲的路易十七又能做什麼呢？由於革命黨人大權在握，這個擁有王室嫡系血脈的男孩，從來沒有一天真正地治理過法國，而是從繼承王位的那一刻起就被軟禁了。革命黨員還派出黨爸從早到晚負責教（ㄒㄧˇ）育（ㄋㄠˇ）他，希望把路易十七教化成一個認同革命、天賦人權的共和主義者。

在被軟禁的三年內，正值發育期的路易十七身心靈都受到嚴重折磨，一天僅能獲得一餐的食物供應，而且根據記載，送給他的餐食還混雜著垃圾與糞便，根本難以下嚥。再來，由於他的母親瑪麗王后是革命黨員重點抹黑、用力攻擊的目標，為了讓瑪麗王后黑到發臭，路易十七居然還被逼迫畫押自白，指控母親與自己亂倫。路易十七不堪各種身心凌虐，在一七九五年六月結束了生命，令人驚駭的是，死後的驗屍紀錄寫道，他的身體布滿了傷疤。

路易十七過世後，遵循法國保護皇室心靈的傳統，驗屍醫生佩雷坦將他的心臟取出來，風乾收藏，小心翼翼地保存。這顆心臟後來輾轉流落四方，但在二十世紀初期還是回到了法國傳統王室的墓地。

西元二〇〇〇年，法國當局做了DNA檢測，比對路易十七母親瑪麗王后的後代，結果找到了羅馬尼亞的安妮女王和她的兄弟——安德烈·波旁—帕爾瑪王子（André de Bourbon Parme）。經科學儀器檢測，證明這顆心臟真的是路易十七的。

二〇〇四年，路易十七的心臟被轉移到聖丹尼斯大教堂（St. Denis），這是法國王室的傳統墓地，法國政府並特別安排了一場正式的皇家葬禮來紀念他。

可憐的小男孩路易十七，終於回家了！

比起皇家虐兒事件受害者路易十七，他的叔叔路易十八的苦命程度也不遑多讓。

法國大革命爆發後，路易十八就一路逃啊逃地，流浪到了英國、普魯士（今日德國的前身）、俄羅斯。身為一個從小接受貴族教育洗禮的皇家子弟，

路易十八

路易十八有他的底氣，無論生活境況再悲慘，始終堅持捍衛法國正統王室的尊嚴，拒絕拿破崙的招降！

在法國戰神拿破崙第一次慘敗退位後，路易十八終於回到巴黎了，距離他上次踏進這個城市，已經過了二十三年的時間。此時的路易十八已經六十歲了，流亡半生，歸來已是白髮蒼蒼的老人。不過這位阿北王位還沒坐穩，拿破崙又把政權奪回來了！沒關係，打不贏就溜之大吉！反正路易十八很習慣這樣的跑路生活了！

還好，路易十八這次窩在比利時只躲了一百天，拿破崙就在滑鐵盧之役確定GAME OVER。他很快又回到巴黎當法國國王，十年後，路易十八過世，沒有子嗣的他，安排弟弟繼位。

他的弟弟叫查理。

查理是個讀不懂空氣、搞不清楚政治風向的國王。法國大革命後，就連逛個菜市場，都可以聽到賣魚的阿桑跟賣豬肉的阿北在聊什麼是人權？為什麼人人應該平等？老百姓對天賦人權的自由思想早就習以為常，查理還肖想可以當個絕對專制、唯我獨尊的國王，是個時代在走，腦袋完全沒有的男人。

一八三〇年七月二十八日，歷史課本上的七月革命爆發了！惹來眾怒的查理被迫讓位給他的兒子「路易十九」。可是這個路易不是法國國會想要的，在他父親讓位後的二十分鐘，國會就逼著路易十九簽字放棄王位！據說他心有不甘，還掙扎了一下，試著跟國會討價還價：「至少也讓我當國王當滿一個小時嘛！」

就這樣，路易十九也算以「史上在位時間最短的國王」在歷史上留名了。中國歷史上最短命的皇帝是宋代的金國——完顏承麟（又稱金末帝），即位後不到兩個小時就被敵軍殺死了。這個紀錄在十九世紀被法國的路易十九給刷新了！至今無人能打破。雖然路易十九很快就下台一鞠躬，好在保住一條小命，也算福氣啦！

接下來繼位的是路易十九的堂叔，也就是引發二月革命導火線的路易腓力。

這位路易自稱「庶民國王」，最懂得苦民所苦。庶民到底有多苦呢？十九世紀的法國只有能繳交一定賦稅的有錢人才有選舉權，當時法國全國人口三千多萬，擁有一定財力享有選舉權的只有二十萬人，也就是說，大多數人民是低端人口！

許多沒有選舉權的庶民紛紛告訴路易腓力：「莫忘世上苦人多啊！拜託國王放寬選舉權吧！」路易很體貼地回答：「那你們就要想辦法多賺一點錢啊，只要發大財就可以有選舉權喲！」

真是個好建議呢！老百姓實在無法忍受為什麼他們的國王可以一本正經地說出毫無建設性的幹話。他們仔細想一想，國王這種生物應該是最沒有社會貢獻價值的，那不如就讓他「被消失」吧！

一八四八年，法國人民發動二月革命，高呼我們不要國王了，我們要選總統！

路易腓力

於是在二月革命後，法國人迎接了歷史上第一次總統選舉。結果最高票的候選人拿到五百六十萬票，得票率是足以讓所有民主國家總統汗顏的七四．二%。這個候選人，也叫路易。

不過我很肯定的是，老百姓絕對不是因為他叫路易投給他的。因為他的全名叫做路易—拿破崙．波拿巴（Louis-Napoléon Bonaparte）。

他有一個偉大的姓氏，同時也是我們所熟悉的拿破崙的姪子！法國人民忍耐無腦的國王太久了，他們開始懷念過去那段主宰歐洲的輝煌時光。儘管拿破崙最後失敗了，歷史之壁的距離，讓拿破崙成為過去世代的傳奇，神一般的存在。選民們光是看到「拿破崙」這三個字印在選票上就高潮了，管他叫路易還是查理呢？蓋下去就對了！

縱使此路易非彼路易，路易．拿破崙成為法國第一個人民選出的總統和最後一個君主，總算結束了這一場「路易大亂鬥」！

7・穿越時空最不能遇到的老公——英王亨利八世

歷史上，有很多男人可以是一位偉大的國王，同時也是一位無賴的渣男。但說到可以把自家的閨房之事弄到舉國皆知，更牽動了歐洲列強的外交角力，將婚姻問題搬上國際新聞頭版的男人，就屬亨利八世啦！他的婚姻危機可是點燃了英格蘭宗教改革的大火。

亨利八世和他的六個老婆，儼然是英格蘭宗教改革的開展與演進史。

如果各位想要快速地認識亨利八世的六個老婆，可以參考這一首打油詩：

King Henry VIII,　亨利八世
To six wives he was wedded.　結婚六次
One died, one survived,　一死一活
Two divorced, two beheaded.　兩個離婚　兩個砍頭

接下來，我們就一邊聊聊這六個女人，一邊認識英格蘭的宗教改革之路吧。

亨利八世

阿拉貢的凱薩琳（Catherine of Aragon）

我以為我的溫柔能給你整個宇宙
我以為我能全力填滿你想外遇的藉口

凱薩琳是西班牙王室的掌上明珠，她生來聰明伶俐又美麗，十六歲那年就嫁到英格蘭，成為太子妃。很明顯地，這是一樁為了加強西班牙與英格蘭友好關係的政治聯姻。

遺憾的是，婚後才五個月，她老公就過世了。對英格蘭來說，難得嫁來一個西班牙大國等級的高貴公主，這麼重要的外交價值與政治福利，不能輕易浪費。因此，凱薩琳改嫁給先夫的弟弟，也就是後來即位的亨利八世。

亨利八世十七歲登基，二十三歲的凱薩琳一躍成為英格蘭王后。亨利八世早年時，在多份國王宣言裡，自述有多麼深愛著王后凱薩琳。可見這對姊弟戀曾經有過單純的美好，以及甜蜜的浪漫。

年輕時候的凱薩琳，幫亨利八世懷過六個孩子，只是孩子都在出生不久後便夭折，只有一個瑪麗公主存活下來，順利地長大。可能是一直沒有男性繼承人，讓亨利八世對未來感到焦慮和煩躁，也對凱薩琳日漸生厭。加上夫妻生活平淡，更是讓亨利八世對年老色衰的凱薩琳心生不滿。

當凱薩琳的侍女安妮博林確認懷了亨利八世的種之後果然證實了，這場婚姻就跟變了心的男人一樣，回不去了！

阿拉貢的凱薩琳

亨利八世覺得安妮這一胎一定是個男孩！他必須離婚！趕快離婚！唯有理直氣壯的離婚，才能給他未出世的孩子合法婚生子的繼承權。他引用《聖經》提到「一個男子不應該娶其兄弟的妻子」的經文來主張離婚，並百般慫恿英格蘭的神學家在大街小巷散播不利凱薩琳的謠言，指稱凱薩琳當年嫁給他哥哥時已多次同寢圓房，早有夫妻之實。因此，宣稱他跟凱薩琳的婚姻無效。

亨利八世與凱薩琳結縭超過二十載，如果凱薩琳的貞操真的有疑慮，怎麼不在當年成婚時就提出來呢？二十多年後，才任憑流言蜚語來非議王后的貞操，這個絕情背義的男人，做法實在令人心寒！

出身高貴的凱薩琳，面對這樣的指控，為了捍衛自己的婚姻，此時也只能跳出來，將那些隱密之事一一公開，證明自己的清白。

一段婚姻走到如此田地，就算凱薩琳擁有西班牙全國人民的支持，以及羅馬教廷的相挺，都動搖不了亨利八世想要休妻的念頭！一五三三年，亨利下定決心與新歡安妮博林結婚，英國國會隨即立法宣布脫離羅馬教廷，英格蘭教會也從此脫離羅馬天主教的控制，成為宗教改革後的又一新教派。英格蘭地區的最高宗教領袖——坎特伯里大主教，緊接著發布亨利八世與凱薩琳的婚姻無效，安妮博林成為英格蘭新王后的公告。

看到這裡，大家肯定發現，這個教派跟改革沒什麼關係嘛！對啊，因為它一開始成立的目的，就只是為了讓亨利能夠順利離婚，但是卻間接促成了英格蘭的獨立性與自主權。

安妮博林（Anne Boleyn）

全都是泡沫　只一剎那的王后
你所有的承諾　全部都太脆弱

安妮博林如果出現在像《甄嬛傳》這種等級的宮鬥劇裡面，保證是個狠角色，大概至少能活個二十集。

安妮從小就被送到歐洲上流社會中的上流社會——法國宮廷，見識各種高端時尚，學習各種舞蹈樂器、社交禮儀，甚至是宮鬥技巧。回到英格蘭後的她，輕鬆主宰了英格蘭的社交圈，並且風靡萬千貴族子弟。

然而這個女人不甘於平庸，一般的富二代，她還看不上眼。作為凱薩琳王后的侍從女官，她的野心讓她爬得高，卻也摔得重。

年輕嫵媚的安妮博林大膽運用欲擒故縱的伎倆，狠狠撩住亨利八世的心。戀愛的衝動往往讓人奮不顧身，即便亨利為了跟她結婚，搞得整個英格蘭雞飛狗跳。終究，她還是在巨大的反對聲浪中，登上萬人之巔——英格蘭王后的寶座了。

安妮博林

亨利一直非常期待安妮能為他生下一子，一個男性的繼承人！他為了這個兒子實在付出太多代價了，因此把所有的希望都賭在安妮這一胎，連慶賀王子降生的詔書與各種慶祝典禮都準備好了。

但是，安妮生下的，卻是一個女兒。之後安妮多次懷孕仍然流產，亨利八世一次比一次失望，煩躁和厭惡也隨之而來。

俗話說「婚姻是愛情的墳墓」，安妮的危機不僅僅於此，作為一個小三，還必須要有滿滿的「被討厭的勇氣」才行。英格蘭人民把她當成媚主惑上的妖女，只承認凱薩琳才是唯一且真正的王后。歐洲各國也都不承認亨利八世的離婚，否認她的王后地位。

沒有一個強大的娘家作後盾，加上老公又不愛了，最後安妮博林被安上叛國的罪名斬首。

珍西摩（Jane Seymour）

相聚離開　都有時候
沒有什麼會永垂不朽

珍西摩，原初是凱薩琳王后的侍從女官，後宮改朝換代後，她就繼續跟著安妮博林在旁侍奉。她出身平凡、個性溫順，但也許亨利八世是侍女控吧！總是會看上王后身旁的女人。

又是差不多的劇情上演，亨利把珍西摩肚子搞大了之後，為了能夠跟她成婚，讓他們的小孩取得合法繼承人的地位，亨利又開始蠢蠢欲動想離婚了！這次的對手比較單純，不是羅馬教廷也不是西班牙，就只是一個女人！最後亨利以通姦叛國的罪名將安妮砍頭了。

珍西摩

姑且不論安妮到底有沒有通姦叛國，當亨利八世露出渣男真面目後，一路秀下限無極限。短命的阿珍就結果論看來可能是相對幸福的女人，她與亨利八世的婚姻只有一年，生下愛德華王子後就難產死亡。

最難忘的，往往是最短暫的相逢。當珍西摩完成替亨利八世生下王嗣的美夢後，亨利為了她穿了三個月的喪服。在她短暫的王后生涯裡，她的枕邊人來不及變心，並且聲稱自己是他這一生裡唯一真正的妻子。

克里維斯的安妮（Anne of Cleves）

講什麼你親像天頂的仙女
原來畫師空嘴薄舌達到目的作你去

這個安妮是日耳曼地區克里維斯公爵的姊姊。因為神聖羅馬帝國也是新教區，可以跟亨利八世結盟對抗羅馬教廷，所以在大臣的建議之下，促成了這樁聯姻。

克里維斯的安妮

當年亨利八世是先看到安妮的畫像，覺得驚為天人，是個正妹！就決定新娘是她啦！但見到真人之後，亨利才發現原來那個年代修圖也是修很大，本人跟畫像天差地別，他真的吃不下去，希望可以取消這段聯姻。安妮也很阿莎力的SAY YES！

懂得與亨利八世保持距離的女人，是明智的。這位安妮後來一路平安喜樂地活到離世。

凱薩琳・霍華德（Catherine Howard）

說不上愛別說謊　就一點喜歡
說不上恨別糾纏　別動用死刑

這位凱薩琳是安妮博林的表妹，兩人說來還真有點像，都是年輕貌美、多才多藝，到處放電的交際花。

嫁給亨利八世的時候，她才二十歲，青春貌美。然而亨利八世已是個

凱薩琳·霍華德

四十九歲又老又胖又病的中年大叔。根據現存資料，亨利八世晚年的盔甲腰圍是一百四十公分至一百五十二公分，估計體重大約是一百三十六至一百四十五公斤左右。由於亨利太胖無法行動，還要靠特殊設計的椅子讓他能夠移動位置。此外，亨利有痛風與糖尿病的問題，腳部並因早年墜馬，傷口始終未癒，潰爛壞死。

一個亮麗有活力，一個登場就沒力，這樣的亨利，無法滿足年輕愛玩的凱薩琳。說來無奈，凱薩琳最後還是走上了與表姊相同的命運，以通姦叛國罪被送上斷頭台。

凱薩琳・帕爾（Catherine Parr）

十年之前我不認識妳
十年之後我們都老了

亨利最後一個老婆也叫凱薩琳，她是亨利八世第六任妻子，亨利八世則是她第三任丈夫。

兩個人都算是婚姻經驗豐富的達人了，相處起來還算和諧。只是這位凱薩琳女士對於宗教改革很投入，也有自己的主張，希望將新教派的改革推行得更徹底，但亨利八世骨子裡仍舊是保守派的英格蘭教會領袖，所以兩人時不時會為了意見不同而鬥嘴。不過都老夫老妻了，也沒什麼好爭的，吵個三年之後，亨利八世就掛了。

當亨利八世過世後，她還改嫁呢！不得不說這位最後的王后真的很勇於「做自己」。

說來神奇，亨利八世的婚姻難題觸發了英格蘭宗教改革的開局！既然幫

凱薩琳・帕爾

六個老婆們都選了一首主打歌，那麼在最後的結局，不能遺漏我們的男主角亨利八世。

有一種離婚　是你義無反顧
讓愛恨成為宗教改革的光

比離婚更離婚的故事，揭開了英格蘭宗教改革的序幕；比悲傷更悲傷的故事，是這條改革的路還要走上好多步。

8．情書對抗賽——拿破崙VS笛卡兒

「我真的是太沒用了。」
「怎麼啦？」
「除了寫情書，其他我什麼都做不好。」

在用Line傳送貼圖、臉書發送Message的現代溝通模組發明以前，古代人是用情書傳遞彼此最深切的心意，將發自內心的話語，把渴望訴說的情意，用手寫的訊息傳遞給戀人，創造一種只有你知我知的小宇宙親密感。

講到歐洲歷史上最會寫情書的名人，不是那個能寫出世界史上出了名狗血虐心的愛情悲劇——《羅密歐與茱麗葉》的莎士比亞，也不是那個娶了六個老婆，一直離婚一直娶的亨利八世。英國人在「浪漫」這件事的排行榜上，跟他們的食物一樣，注定被法國人狠甩五條街。

法國皇帝——拿破崙

這裡鄭重為大家介紹兩位又會寫情書，又超級有用的法國浪漫男子！誰敢自稱撩妹高手的，都先來看看他們深情懇切的Love Letter。

第一位，請隆重歡迎他出場，在他人生的最巔峰時，他的全稱為「皇帝和國王陛下拿破崙一世，託上帝與帝國憲法鴻福，法國人的皇帝，義大利國王，萊茵邦聯保護人，瑞士邦聯協調人。」

是的，我們這位深情款款的情書大師就是開創法蘭西第一帝國的拿破崙先生。他生平打贏過大大小小無數戰爭，帶兵的戰術與謀略驚人，至今仍是世界各國軍事學院研究與學習的典範。還在執政期間頒布了《拿破崙法典》，完善歐洲的法律體系，是大陸法系的支柱和源流，對全球許多國家的民法立法有著很大的影響。這樣的歷史風雲人物，可不只是個軍事宅或政客，他還是個一流的情書寫手！

說到拿破崙的情書，就得談談情書寄送的對象——拿破崙一生的摯愛：約瑟芬。

約瑟芬

拿破崙愛上約瑟芬就是戀愛學上所謂的不科學，一點都無法用理性邏輯思考他對約瑟芬無法自拔的愛。當時才二十六歲的拿破崙已經在法國大革命的戰役中嶄露頭角，成為法國有史以來最年輕的總司令。大概除了身高矮一點（其實也沒有多矮，根據官方紀錄，他的身高在法制單位下是五呎二吋，大約一百六十七公分），拿破崙有錢有地位有前途，各方面都充滿了未來，絕對是個身價滿點的迷人小鮮肉。約瑟芬呢？比起拿破崙大上六歲，結過一次婚，前夫還在大革命時被控叛國罪判處死刑。為了擺脫前夫政治上的牽連，寡婦約瑟芬帶著兩個與前夫生的孩子，在巴黎社交圈努力打拚，據傳許多上流社會的男子都吹過約瑟芬的枕邊風。

前途無量的黃金軍官單身漢ＶＳ到處沾染桃色風波的離婚寡婦。就傳統眼光來看，這個組合很獵奇。

但愛就愛吧！喜歡一個人的衝動，哪來的那麼多想法，把時間都浪費了。

拿破崙

拿破崙一整個奮不顧身地愛上了約瑟芬，才認識她三個月，拿破崙就拋棄了原本的未婚妻，向約瑟芬求婚！

有趣的是，真心換絕情。跟約瑟芬才結婚兩天，拿破崙就必須離開法國，出差義大利作戰。約瑟芬完全沒在客氣的，立刻找到新的情人在拿破崙的大後方讓他綠綠的。

年輕的拿破崙一邊忙著前線的戰事，一邊懷抱著思念與擔憂談著遠距離戀愛，多次從義大利寄出熱情洋溢同時帶著猜疑不安的情書。

「我親愛的朋友，我寫給妳的信很多；但妳寫給我的信很少。妳不懷好意，妳可恨，非常可恨！妳欺騙一個可憐的丈夫，欺騙一個體貼的情人，妳不忠實。只因為他身處遠方，他就應當喪失他的權利，受到工作和煩惱的壓迫而崩潰嗎？他如果沒有他的約瑟芬，沒有她愛情的保證，在世間上還有什麼事能讓他在意啊？他還能做什麼呢？」

「我可愛的朋友，妳沒有捎來任何一封信，妳一定是太全神貫注了，因此忘了妳的丈夫——那位儘管在外奮鬥、極度疲憊，但只想到妳的人。」

從上面的信看來，拿破崙的思念若渴，他寫了很多信給約瑟芬，約瑟芬卻無相對回應，冷冷冰冰，不讀不回。無法得知對方是否已讀，更沒有一絲回音，找不到相愛的證據，讓拿破崙受盡委屈。

但愛就是愛了，拿破崙仍然委屈求全地寫道：

「幾天以前，我以為我愛妳。不過自從我這幾天看不到妳後，我覺得我是一千倍的更愛妳了……我求求妳，讓我看看妳的一些缺點，妳可以少點美麗，少點優雅，少點善良嗎？」

看看那個馳騁沙場的男人啊！在愛情面前似乎顯得如此卑微。面對傲嬌的約瑟芬，在情書裡的拿破崙讓人感覺約瑟芬就是他的全世界，拿破崙需要約瑟芬的程度遠遠超過於約瑟芬需要拿破崙。

如果只看這些文字紀錄，可能我們真會以為拿破崙全然地深情執著，約瑟芬這女人也太婊了吧！但愛很簡單，現實可從不簡單。熟悉這對夫妻歷史的人都曉得，拿破崙這一生不只縱橫沙場，也縱橫各方女子的枕邊，情婦遍地開花，拿破崙更是把妹把到俄羅斯沙皇的妹妹去了。而約瑟芬的交際花性格，讓她一生繁花似錦，身邊的男子綠草如茵，綿延不絕，她活著的每一天，家裡都是巴黎社交圈最有人氣的地方。這兩人在兩性關係上各玩各的，於權力關係上卻是完美互補。拿破崙靠自己的軍事才能拿下大部分歐洲的領土；對內在巴黎政界，幾乎是仰賴著約瑟芬的社交手腕，為拿破崙爭取到不少盟友，才得以讓拿破崙將法蘭西共和國變成法蘭西帝國，登上法國皇帝的寶座。

帝后的愛情沒那麼簡單，不是一般的言情小說中你愛我、我愛你就可以讓故事說得下去。如果像後宮《如懿傳》那樣，一心一意只想與她的少年郎一生一世相知相守，那難怪演到後面要斷髮和離了！在真實的政治道路上帝后攜手前進，除了愛情之外，更多時候是基於政治利益的結合，要為了現實忍讓，要為了大局為重。

只是，無論如何，那些拿破崙情書字裡行間展現出的情感，我還是願意相信在下筆的瞬間，那些愛都是真的。只是放下筆後，仗還是要打，地位還是要爭，權力還是要握。情書，可能是保有拿破崙心中最單純希冀的所在。

這些單純在多年後，成為最珍貴的歷史素材。

「我想跟你談一件事。」

「什麼事？」

「我想跟你談戀愛，順便談一談價錢！」

法國皇帝拿破崙寫給第一任妻子約瑟芬的三封情書，在二〇一九年四月四日被以總價五十一萬三千歐元的價格賣出（笑）。

數學家的浪漫——笛卡兒

第二位浪漫的法國男人，我要談的是笛卡兒。就是那位說出「我思故我在」的名言，提出了演繹法的法國哲學家暨數學家。

我的數學老師曾經說了一個有關笛卡兒與瑞典公主克絲汀娜的愛情故事。

笛卡兒

他說：在一六四八年，克絲汀娜公主十八歲時，笛卡兒被任命為公主的數學老師。笛卡兒教會了她直角座標系，也教會了她什麼是愛情。兩個人在座標的世界，不只對曲線著了迷，也對彼此走了心。師生戀即使到了今天都依然引人側目，在當時更是驚天動地，當瑞典國王知道自己的女兒愛上笛卡兒後，他大發雷霆，立刻將笛卡兒從瑞典驅逐出境。

笛卡兒從瑞典離開後回到法國，染上了當時的不治之症——黑死病，在生命倒數計時的同時，他總共給克絲汀娜寫了十三封信，但都沒有回音。因為這些信都給瑞典國王攔截了下來。笛卡兒也在寫了第十三封信後，永遠的告別人間。

國王發現了第十三封信，特別難以理解，沒有寫任何一句話，只寫了一段數學方程式：「$r = a(1-\sin\theta)$」。國王把整個國家的數學家都找來解這個方程式，但沒人能成功。最終他捨不得自己的女兒一直鬱鬱寡歡，把這封信交給了克絲汀娜，希望能使她振作起來。看到信的克絲汀娜欣喜若狂，拿出了紙跟筆，開始把方程式的圖形畫出來。

畫啊畫著，隨著方程式解開，克絲汀娜也看到了一顆心型的圖案出現在眼前……原來，笛卡兒在生命的最後，用數學再次向她告白了自己的真心。

哇！這個故事真是太淒美了、太有理工人的浪漫了！聽完之後，作為一個文組女孩，我除了欣賞笛卡兒的告白方式，更佩服克絲汀娜的數學能力啊！怎麼解得出來呀。如果是我看到，一定是一臉文組問號，然後自動跳過啊！

不過，在陶醉於這個故事時，我必須讓大家稍微清醒一下，請記住：這個故事是數學老師講的。數學老師的專業是數學，不是歷史。

在瑞典歷史上，一六四八年，克絲汀娜不是公主，是當時的瑞典女王。當時笛卡兒的確到訪過瑞典，但他擔任的不是女王的數學老師，而是女王的哲學顧問。他最後得到的不是黑死病，是在瑞典感染了肺炎，並且在十天後死亡。

有時候，歷史老師比數學老師更顯得理智，對吧?!

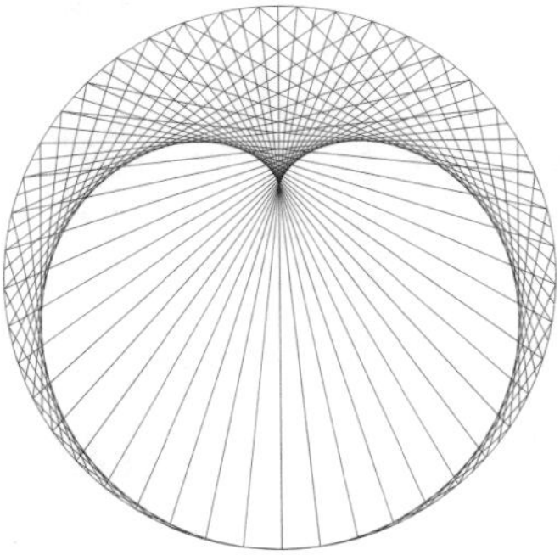

（上）克絲汀娜
（下）笛卡兒的「真心」方程式

9．政治不難，找對人結婚而已——哈布斯堡家族

相信大家都聽過一句話：「婚姻不只是兩個人的結合，更是兩個家庭的結合。」這句話如果拿來解釋歐洲的皇家婚姻，還真是再貼切不過。

十五世紀以後，歐洲王權興起，國家可以說是屬於君王的個人所有品。當時歐洲社會的繼承權充分保障了婚生子女的合法權利。私生子女什麼都沒有！沒有法定繼承權，更沒有社會地位！

就像知名影集《冰與火之歌：權力遊戲》（Game of Thrones）的男主角瓊恩・雪諾（Jon Snow），一直被以史塔克家族的私生子身分撫養長大，地位卑微。當七國之王勞勃國王（King Robert）到訪北境時，他連晚宴都無法參加，只能一個人在庭院裡鬱悶地揮著劍砍擊練習。

私生子女在過去歐洲歷史上被認為是欲望與謊言結合的產物，天生就流著放蕩的血液，不受待見。君主繼承權只能建立在合法的婚姻上，神聖的正統婚配，會直接影響領土與權力的歸屬。

所以，君王的婚姻從不是兒女私情，一直以來都會是政治版的頭條標題！如果找對了人，強強聯手，家族版圖與權力就可以大大地擴張。如果找到錯的人，那不只是要去婚姻諮商掛號了，更有可能影響未來國勢的漲跌趨勢。因此，如何找到門當戶對，能夠為國家錦上添花的對象，絕對是皇室擇偶標準的第一順位。皇家子女的終身大事，就是國家大事！

歐洲流行著一句拉丁文諺語，藉此讚嘆一個家族在聯姻事業上的偉大：

Bella gerant alii, tu felix Austria nube,
Nam quae Mars aliis, dattibi regna Venus.

讓別人去打仗吧！你，幸福的奧地利，去結婚！
戰神瑪爾斯給別人的東西，愛神維納斯會賜給你！

政治不難，找對人結婚而已。

「幸福的奧地利」指的是哈布斯堡家族的核心領地。這一家實在太狂了，從中歐的小小奧地利出發，透過聯姻的手段，不斷擴張領土，不費一兵一

卒，就成功晉身為歐洲歷史上最知名、統治地域最廣的豪門家族。真可謂：「結婚一時爽，一直結婚一直爽！」

到底他們是如何透過婚姻來一步步地擴張自己的家族勢力呢？

首先，既然結了婚，就要努力生小孩，越多越好！正可謂「一個孩子不嫌少，兩個孩子恰恰好，三個孩子不算多，四個孩子湊一桌，五個孩子換大車。」越多合法的婚生子女，才得以作為未來聯姻籌碼啊！而我們的男主角之一：哈布斯堡家族的奠基者魯道夫一世，合法婚生子女就有「十一個」之多。

第二，生得出來還要養得活。中世紀歐洲由於醫療不發達，加上衛生習慣落後，嬰兒的死亡率高，有高達七成的嬰兒在滿週歲前夭折。當時可沒有疫苗這種東西，人們很容易受到天花、百日咳、破傷風、麻疹、腮腺炎、流感，各種疾病的威脅。

這些細菌和病毒並不會因為你生長在大戶人家就得以倖免，即使是貴族之家，也有三分之一的兒童在五歲之前就病死了。如果連孩子都養不大，又怎麼奢望他順利長大，娶個好老婆或嫁個好老公，帶來少奮鬥二十年的家族紅利呢？

所以哈布斯堡家族在照顧小孩上面，肯定也是下了一番功夫，才可以把孩子一路拉拔到成親啊！像魯道夫一世的十一個孩子，就有六女三男順利長大成年，養育率衝破八成，遠高於當時的平均值。哈布斯堡家族確實有一套！

第三，要挑對人結婚。

要能把結婚化做政治上的紅利，是需要有精準的投資眼光滴～在這之前，我們需要花點大腦來瞭解一下神聖羅馬帝國的皇帝是如何選出來的？

神聖羅馬帝國，被法國啟蒙思想家伏爾泰批評：「既不神聖，又不羅馬，更不帝國」，是其來有自的。它的權力一點都不集中，是一個由數百個地

魯道夫一世

方諸侯國組合而成的零散政治集合體。

其中，有七個最具聲量的諸侯！包括：科隆大主教、美因茨大主教、特里爾大主教萊茵—普法爾茨伯爵（十三世紀以後此區被巴伐利亞公爵統治）、薩克森—維騰堡公爵、布蘭登堡藩侯、波希米亞國王這七個人，擁有可以選舉神聖羅馬帝國皇帝的權利，又稱為「選帝侯」。

我們可以看到有三個選帝侯是大主教，不能結婚，可以放過他們了。那來看看，前面提到那位魯道夫一世的六個女兒，她們都嫁給了誰？

瑪蒂爾達（Matilda）：巴伐利亞公爵夫人
凱薩琳（Catherine）：巴伐利亞公爵夫人
愛格妮思（Agnes）：薩克森公爵夫人
海德薇格（Hedwig）：布蘭登堡邊疆伯爵夫人
克萊門絲（Clementia）：匈牙利王后
朱蒂絲（Judith）：波西米亞和波蘭王后

仔細比對一下她們的頭銜與七大選帝侯的名單，就會發現，整個神聖羅馬帝國有數百個諸侯，但魯道夫一世的女兒完全沒有亂嫁！是非常有目的性的選擇。只要女兒把小孩生出來，並且努力撫養長大，毫無疑問地，魯道夫一世的孫子a.k.a.哈布斯堡家族的後裔就可以成為未來的選帝侯，一起大喊：「唯一支持哈布斯堡！」魯道夫一世嫁了六個女兒出去，就等著收割完全掌控神聖羅馬帝國皇帝人選的未來啊！

馬克西米連一世與他的家族

「國民阿公」魯道夫一世善於聯姻的智慧，在大約二百年後，隔代大遺傳給他的後後後後代——馬克西米連一世。馬克西米連一世自己選擇了和勃艮第公爵的女兒瑪麗結婚。勃艮第公爵的唯一婚生子女只有瑪麗，所有的土地都留給了瑪麗，娶到了瑪麗等於娶回了勃艮第公國的領

（上）菲利普一世（下）胡安娜

土，包含今天法國的東南部，一路往北延伸到盧森堡、比利時和荷蘭。

馬克西米連一世的老婆瑪麗過世後，他絕不浪費自己的再婚額度，又再娶了義大利米蘭公爵的女兒。雖然沒有繼承到相關的土地，但米蘭可是靠著地中海貿易致富的義大利好野人城市。老婆娶進來，嫁妝也帶進來，馬克西米連發大財！之後他更透過娶老婆所帶來的大量收入進行賄賂，穩坐神聖羅馬帝國的帝位，開創哈布斯堡家族的尊榮盛世。

在天主教「一夫一妻」制的系統下，馬克西米連自己的婚姻不夠用，只好把主意動到兒子身上。他的兒子是在歷史上被稱為「Felipe I el Hermoso」的菲利普一世。Hermoso是西班牙語：「美麗」的意思，這位奇蹟美男菲利普國王，顏值驚人，又是炙手可熱的哈布斯堡家族富二代，自然可以帶來一場旗鼓相當的聯姻。

在十五世紀，歐洲最強的國家就是發現新大陸的西班牙，西班牙人透過開拓美洲，掠奪大量黃金，以及在環球探險和殖民地擴張事業，成為那個年代最強大的歐洲霸主。馬克西米連一世為兒子菲利普找到了西班牙公主胡安娜當媳婦，開啟了哈布斯堡家族日後橫跨西班牙展開近兩百年的統治生涯序幕。

這對歐洲政界的金童玉女育有兩子，長子叫做查理，是歷史上頭銜稱號最長的查理了。

我們看《冰與火之歌：權力遊戲》裡面的侍女介紹龍女時說：「在你面前的是安達爾人、洛伊拿人和先民的女王、七國統治暨全境守護者、大草原上多斯拉克人的卡麗熙、打碎鐐銬之人、彌林女王、風暴降生龍石島公主、丹妮莉絲・坦格利安。」

挖！那一長串稱號聽起來真是太威了！但龍女跟查理比起來還是太遜

了！這個查理的稱號如下：

「查理、蒙上帝鴻福、神聖羅馬帝國皇帝、永遠的奧古斯都、羅馬人民的國王、義大利國王、全西班牙人的國王、西西里國王、拿坡里國王、薩丁尼亞與科西嘉國王、耶路撒冷國王、東與西印度群島國王、奧地利大公、勃艮第公爵、布拉邦公爵、洛林公爵、施蒂里亞公爵、卡林西亞公爵、卡爾尼奧拉公爵、林堡公爵、盧森堡公爵、海爾德蘭公爵、符騰堡公爵、亞爾薩斯領地伯爵、那慕爾藩侯、弗蘭德伯爵、哈布斯堡伯爵、提洛伯爵、戈里齊亞伯爵、巴塞隆那伯爵、夏洛萊伯爵、阿瓦圖伯爵、勃艮第-普法茲伯爵、埃諾伯爵、荷蘭伯爵、聚特芬伯爵、魯西永伯爵。」

（Charles, by the grace of God, Holy Roman Emperor, forever August, King of Germany, King of Italy, King of all Spains, of Castile, Aragon, León, of Hungary, of Dalmatia, of Croatia, Navarra, Grenada, Toledo, Valencia, Galicia, Majorca, Sevilla, Cordova, Murcia, Jaén, Algarves, Algeciras, Gibraltar, the Canary Islands, King of Two Sicilies, of Sardinia, Corsica, King of Jerusalem, King of the Indies, of the Islands and Mainland of the Ocean Sea,Archduke of Austria, Duke of Burgundy,

Brabant, Lorraine, Styria, Carinthia, Carniola, Limburg, Luxembourg, Gelderland, Neopatria, Württemberg, Landgrave of Alsace, Prince of Swabia, Asturia and Catalonia, Count of Flanders, Habsburg, Tyrol, Gorizia, Barcelona, Artois, Burgundy Palatine, Hainaut, Holland, Seeland, Ferrette, Kyburg, Namur, Roussillon, Cerdagne, Drenthe, Zutphen,Margrave of the Holy Roman Empire, Burgau, Oristano and Gociano, Lord of Frisia, the Wendish March, Pordenone, Biscay, Molin, Salins, Tripoli and Mechelen.）

先不管查理背不背得起來他的自我介紹，由於查理的爸爸美男子菲力普二十八歲就過世了，查理的媽媽胡安娜公主唯一的哥哥，也就是西班牙繼承人胡安，同樣英年早逝。

胡安娜，西班牙人這樣稱呼她：「La Loca」，意思就是肖查某，眾所皆知的瘋子。由於精神異常，無法管理強盛的西班牙。查理，在爹早逝、媽又瘋的情況下，注定成為了不起的查理。哈布斯堡家族聯姻史上最驚人的成就——統御領土最廣大的查理五世就此誕生了！

查理五世的阿公是馬克西米連一世，神聖羅馬帝國的皇帝；查理五世的阿嬤是瑪麗，勃艮第公國的繼承人；查理五世的媽媽是胡安娜，西班牙王國的繼承人。

因此，查理五世即位後，繼承了神聖羅馬帝國＋勃艮第＋西班牙的土地。沒有打任何一場戰爭，憑著靠爸靠媽靠阿公阿嬤的庇蔭，他就成為了歐洲南波萬的超級大地主，迎向了哈布斯堡王朝最巔峰的時代。

既然爬到了山頂，也準備要走下坡了。

越是廣大的領土，越是招來四面八方的敵人；統治越多的人口，代表需要包容越多元的聲音。然而哈布斯堡家族的統治，不是建立在武力征服，更非基於民族向心力，而是一紙婚約。就算透過聯姻聯姻再聯姻，取得大量的土地與權力，所有的土地，都是各自獨立的諸侯與邦國，各有各的法律、習俗與文化傳統。建立在繼承權上的統治，沒有強大的實力，也只是曇花一現的結合。

「讓別人去打仗吧！你，去結婚！」

哈布斯堡家族就只有做了結婚這件事，為了繼承土地與財富，將愛犧牲。那麼多不同個性的諸侯封國勉強在一起後，只是互相折磨。

沒有真心與信任的經營統治，誰願意為了哈布斯堡家族的利益和野心做任何奉獻付出？

於是哈布斯堡家族底下的領土與民族紛紛離家出走，還留著的繼續吵鬧不休。直到哈布斯堡家族王儲和他的老婆在塞拉耶佛被開槍暗殺，揭開第一次世界大戰的序幕。這個家族才終於了解，原來在結婚以外，政治真的挺難的。

查理五世／卡洛斯一世

10．美國歷史上最偉大的總統——林肯，過譽了嗎？

有沒有美國歷史上最偉大的總統是誰的八卦？

當然不是我家巷口那一個。

美國人很喜歡做歷屆總統的偉大程度排行榜，有時調查一般大眾，有時採訪歷史學者或政治學家。無論哪個機構做的調查或研究。林肯都在前三名，更經常雄踞鰲頭，是美國總統裡的BEST ONE！

究竟，是無稽之談，還是事出有因，林肯有沒有過譽呢？讓我們繼續看下去。

一八〇九年，莫忘世上苦人多，林肯出生於肯塔基州一個貧窮小鎮上的簡陋小木屋。年紀稍長一點呢，就必須幫忙父母放牛、養雞、劈柴、鋤地等粗重的農活。

一八一六年，林肯七歲時，舉家搬到印第安納州一處更偏僻的田野，荒地開墾的工作更加艱苦，從小剎猛打拚耕山耕田，唐山過台灣的心情，林肯想必也略懂。

一八一八年，林肯九歲，他的母親因病過世。由於家境艱難，林肯每天都要協助家務農活，雖然斷斷續續有去上學，但林肯一生所參與過的學校教育時間加在一起還不到一年。

一八二四年，林肯十五歲，他終於把二十六個英文字母都認識了，開始能夠慢慢地進行閱讀。林肯珍惜自學的每一刻，他終生都是孜孜不倦的閱讀愛好者。他熱愛的書籍有《聖經》、《伊索寓言》、《魯賓遜漂流記》與莎士比亞作品。

林肯

一八三〇年，林肯二十一歲，林肯又搬家了，這次全家西遷到伊利諾州的另一塊荒野。如果林肯沒有當上美國總統，或是去好萊塢軋一角《吸血鬼獵人》的話，相信他擔任牧場物語的遊戲代言人是再適合不過了！長期的開墾勞動，帶給林肯強壯的體魄，農家生活的樸實無華，也養成林肯誠懇溫厚的性格，成為他從政之後得以深獲眾人信賴的重要資產。

一八三一年，首投族林肯二十一歲，第一次行使了他的公民投票權，參加國會參議員的選舉投票，深刻感受投票能讓渺小的公民變得偉大！這一年，他同時在朋友開的柑仔店擔任店員打工，他對顧客誠實無欺，得到了「誠實者林肯」的讚美。加上樂於助人與詼諧幽默的待客之道，讓他廣結善緣，人氣激增！

一八三二年，林肯二十三歲，這個勇敢的年輕人大膽地挑戰政治舞台，競選伊利諾州議會的眾議員。儘管當時的林肯只是一個農村青年、平凡小子，整體知名度不夠，更缺乏有錢有勢的人脈，不幸落選；但他在自己的地方選區，獲得三百張選票中的二百七十七張！這是他一生中唯一一次遭到人民的拒絕，卻也突顯出林肯在地方的高群眾魅力。

一八三四年，林肯二十五歲，他再度投入州眾議員的選舉，這次成功當選，成為最年輕的眾議員。接下來，他連續連任三屆（一八三六、一八三八、一八四〇年），並且在忙著為選民服務的同時，認真K書。一八三六年，小學都沒畢業的他，驚人地靠著自學通過律師資格考，取得執照，成為可以開業的註冊律師。議會開會的時候，他就認真當議員；休會的時候，他就努力當律師接CASE。

一八四一年，林肯三十二歲，他暫時中止了議員的生涯，接手他所隸屬的輝格黨黨務工作，並專心執業當律師。大家對美國律師的普遍印象就是貪婪精明又狡猾，但林肯可沒有靠著當律師發大財，他收費低廉，為人正直公義，完成了許多精采的辯護與俐落的訴訟，更贏得民心與口碑。

一八四六年，林肯三十七歲，被輝格黨提名為國會眾議員候選人，同黨的朋友湊了二百塊美金給他作為競選費用。他順利當選後，竟然還給朋友們美金一百九十九元二毛五，自承在競選中只花了美金七毛五！

一八五〇年代，林肯正值坐四望五的年紀，是一個政治人物的鼎盛期。他恰好也遇上了當時最緊繃的核心政治問題——關於奴隸制度的存廢。

一邊是蓄奴一邊是廢奴，左右都不是為難了自己

美國一開始建國的十三州裡，北方的七個州陸續廢除奴隸制成為自由州，南方則有六個州保留奴隸制度，是為蓄奴州。

這個劃分絕對不是北方人比較有人權、有良心、好棒棒！南方人比較沒血沒淚沒心肝的道德問題。

十九世紀以後，英國工業革命的發達，由紡織業帶頭衝刺股市上萬點，國際市場對棉花的需求沒有止境，而美國南方的熱帶氣候完全符合了棉花養植的要點！

棉花這種作物很有個性，它怕雜草，田地經常需要不定期地除草，棉花更無法在潮溼天氣進行採摘，成熟後完全看老天爺的心情才能進行下一步動作。大規模的棉花種植與採收，如果為了配合棉花的脾氣，雇用大量季節性的臨時工，很難一時之間找到足夠的人手！

黑奴的賣身契不僅便宜又綁定一生，若要把棉花種植的勞動成本壓到最低，獲取最大利潤，首選黑奴無誤。因此棉花所帶來的白色經濟奇蹟，也造就

一八六〇年競選期間，夾在奴隸問題與政黨之間的林肯。

奴隸制度的擴張。棉花在走，黑奴一定要有！

隨著美國的領土不斷擴張，不斷推進，陸續有一些新的州加入聯邦政府。新的州到底應該是自由州還是蓄奴州，大家開始有了爭議。

為了讓雙方的勢力在國會能處於政治平衡的狀態，每一個州新申請加入聯邦時，美國國會總是小心翼翼地處理相關問題。問題是，怎麼處理都為難。畢竟民主簡單來說就是數人頭！若新加入的州想要申請為自由州，蓄奴州就會擔心在國會勢力被對方壓倒，進而反對，反之亦然。

因此曾經有位南方州參議員在國會說道：「與其讓仇恨鬥爭來破壞聯邦的和平繁榮，不如讓南北分離，使和平和友善繼續保存。」一人一半，感情不會散！大不了，你走你的自由美國，我過我的蓄奴美國生活。

這樣可以嗎？先問問林肯可不可以！林肯在歷史上常以解放黑奴聞名。但，就事實來看，林肯反分裂遠遠大於反黑奴。

出身北方自由州的林肯，多次發表過對奴隸制度的批評，也希望杜絕奴隸制度這壞東西再蔓延到新加入的州。不過，他同時認為聯邦政府並無權干預各州既有的奴隸制度。

簡單來說，就像一個班級裡面，班長林肯本人反對奴隸制度，他希望新來的轉學生都跟他一樣反對，但是本來的同學就隨便你們吧！

然而，林肯班長也意識到這樣的矛盾，他曾說過：「一棟分裂的房子是撐不久的，我深信政府不能容忍一半奴役一半自由的情況。」

如果舊同學因為堅持奴隸制度在班上不被認同與受到壓迫，想要轉班或轉學，你覺得可以，班長覺得不行。不～～許～～～走～～～～

林肯的信念與想法透過多次的演講與辯論會，充分地展現。

一八六〇年，林肯五十一歲，他當選第十六屆美國總統。他的勝利主要來自於北方自由州和西部新州的支持，十五個南方的蓄奴州裡，有十個州一張選票都沒有投給林肯。

南方各州都對林肯的當選感到焦慮與不安，認為林肯的主張將極大地影響他們未來在聯邦政府的權益。當選後的一個月，南卡羅來納州首先宣布脫離聯邦政府，聯邦-1。再過兩個月，陸續又有六個州——登出聯邦。

林肯此時出來溫情喊話：「我從來都沒有要廢掉你們的奴隸制度啊！不要走啊啊啊！」

南方州：「你雖然沒有要廢掉奴隸制，但你希望之後加入的都廢掉啊啊啊！我們才不要在聯邦裡面當少數被你們多數民意霸凌咧！Everybody給我退群！退起來！」

林肯：「喔氣氣氣氣氣耶！就跟你們說不准走！不服來戰啊～」

於是林肯當選後的五個月，南北戰爭（西元一八六一～一八六五年）開打。這場戰爭的目的，就是打到那些退群組的州重新入群。

林肯這個人很簡單，聯邦統一，他就給讚。什麼解不解放黑奴，那都是其次。他曾經在一八六二年的報紙投書上，說明他的想法：「在此一奮鬥中我最大的目的是挽救聯邦，而不是挽救或毀滅奴隸制度。如果我不解放任何一個奴隸而能挽救聯邦，我會這樣做。如果我解放某些奴隸就能挽救聯邦，我也願意這樣做。」

我走得很慢，但從不後退

天地有情，人生無常，命運就像一張網，讓人掙不開也逃不脫。講了這麼多，林肯的眉頭都皺了幾百年了，這樣看來，他作為美國公認最偉大的總統，究竟有沒有言過其實？

#自學的偉大

我們中華民國民選總統以來，個個都在比誰學歷高，博士刷一整排。然而，林肯連小學都沒念滿一年。身為「牧場物語」的主角，一路靠著自學苦讀，成為國會議員、執業律師、最終當上美國總統，還身兼演講與作文高

手。他使用了二百七十二個單字，完成三分鐘的演說，就成了今日美國史上被引用最多次、最經典的蓋茲堡演講（Gettysburg Address），我們所熟悉的「民有、民治、民享」（Of the people, By the people, For the people），即出自這場演說。

#渺小的偉大

林肯出身貧寒，但他沒有放棄過夢想。「即使我是NOBODY，只要我努力，有朝一日會成為SOMEBODY」，從小時候的農活勞動做起，林肯從事過雜貨店員、木匠、郵務員、測量員這些乍看社會地位不高的工作。但他總是把握每一個工作帶給他最大的學習，在郵務員送信的工作中，他更認識地方鄰里，掌握民眾需求，也透過派報認識時事，瞭解輿情。測量員的工作，帶他認識拓荒者的世界，新移民不斷湧入，農場需要畫地界，交通路線需要勘察，因此他更認識美國西進下新時代的變化。林肯總是把握每一份平凡工作，投資成自己未來的豐厚養分。

堅定的偉大

林肯一當選總統後，美國陷入分裂，南北戰爭爆發。這是美國史上最慘烈的戰爭，面對困境，他沒有放棄自己的信念，沒有投降沒有絕望。面對聯邦的統一與分裂，面對奴隸制度的存廢，他不斷地溝通，不斷地試著團結不同陣營，拉攏不同立場的人們，用盡一切可能，擴大自己的團隊。

他為了最大的團結，最後努力地走向了全面廢除奴隸制度的偉大道路上！奴隸的解放，導致南方州奴隸的奔向自由逃亡潮！除了對於南方經濟是一大打擊外，這些奴隸更是轉往北方參與聯邦軍隊。在整個南北戰爭，約有二十萬的黑人加入戰鬥，支援林肯的終局之戰。

有些價值，永遠都會是對的！但我們能不能像林肯一樣不顧反對的巨大聲浪，堅定自己的勇氣做出判斷與選擇呢？勇敢，不是不害怕；是明明會怕，還願意承擔。

小結

政治舞台上，往往不能貪心，有時候待得太久，就讓人看得太清楚現實的噁心。

林肯當然不會是完美的人，他有精神疾病，長年情緒不穩定。他也不是一個神聖的人權主義者，解放奴隸主要還是基於政治利益考量而下的決定。然而，他的生命終結在一個歷史的關鍵時刻，在南方投降的後五日，才正要為戰事結束而欣喜時，他就遇刺身亡。

來不及為日常瑣碎的政務庸碌匆忙，來不及捲入紛擾喧鬧的政治口水戰。林肯就在領導完一場宣告奴隸制度廢止，並完成國家統一的戰爭後離開人世了。真實的林肯可能沒有我們想的那麼偉大，然而在最剛好的時候，林肯非自願地驟然離場，留給我們的政治身影，模模糊糊，剛好成熟，剛好溫柔。

11・顏值最高的國民父親——土耳其凱末爾

我們中華民國的國父：孫中山，據說雄踞民初美男子排行榜的前幾名，有的說法甚至是號稱民初四大美男子之首。長相這回事呢，是很見仁見智的。姑且不論我們國父孫中山客觀來說到底帥不帥，很現實的一點就是，他的知名度確實是每況愈下。

早些年代，孫中山的國父思想，又稱三民主義，一直都是專科學校以上的必修課程，不過，到了民國八十九年度大學聯考廢掉考三民主義這一科以後，國父是誰？開始成為一個很難的問題。記得幾年前，我問學生說，「國父是誰？」提示是姓孫的那一位。學生立刻大喊：「孫協志。」是的，那一陣子最紅的偶像團體是５５６６。雖然我不知道孩子們上歷史課前到底嗑了什麼，老師也只想都來一點，讓我暫時忘卻教歷史的苦痛。

這個歷史失智的狀態在土耳其保證不會發生，土耳其是出了名地崇拜他們的國父，誇張到了全民偶像的程度。我在土耳其旅行時，到處都可以看到土耳其國父的雕像與旗幟，跟土耳其的國旗長相左右，成為土耳其城市的日常風景，土耳其國父的相關小物也隨處可見，舉凡鑰匙圈、便條紙、磁鐵、帽子……都可以在販賣紀念品的商家輕易看到。這年頭如果在台灣要買到孫中山的鑰匙圈到底要去哪裡買呢？這種要求肯定問十個店家都會說是第一次聽到。

但是你在土耳其隨便一條觀光大街上，就可以蒐集完土耳其國父從頭到腳的全系列商品。

到底這個受歡迎的全民偶像——土耳其國父是誰？他就是Mustafa Kemal Atatürk，台灣翻譯成「凱末爾」。「Atatürk」，這個姓不是天生繼承來的。

在土耳其語「Ata」是父親的意思，「Atatürk」就是「土耳其人的父親」a.k.a國民父親之意。這可是在一九三四年，經土耳其國會通過，特別授予凱末爾的重要榮耀。

凱末爾

那個象徵土耳其的男人

土耳其的這個男人，到底做了什麼事呢？

現代土耳其共和國的前身是鼎鼎有名的鄂圖曼土耳其帝國，曾經是歷史上最後一個締造橫跨歐亞非三大洲的大帝國。在十七世紀最強大的時候，帝國總面積約五百五十萬平方公里，它的版圖扼守在三洲交接處的交通要塞，東西方文明在此交會融合，是當時極具影響力的超級帝國。

但隨著工業革命後歐洲崛起，鄂圖曼土耳其帝國處在列強環伺的中心地帶，不斷受到外力圍剿與打擊，英國、法國、俄羅斯、奧國、義大利都持續施壓，搶奪並瓜分了鄂圖曼土耳其帝國的領土。

不幸的是，第一次世界大戰，土耳其又站錯隊，加入同盟國，成為戰敗國。領土能丟的都丟了，太陽餅裡沒有太陽，獅子頭裡沒有獅子，但土耳其只剩土耳其。鄂圖曼土耳其打到最後只留下一塊土耳其本體，面積約七十八萬平方公里。從最強盛的時候，到一戰後的悽慘落魄，土耳其的國土損失高達八五％。當時的土耳其被大家看不起，被西方的殖民者稱為「西亞病夫」、「近東病夫」，完全陷入生無可戀的絕望狀態。

加里波利之戰

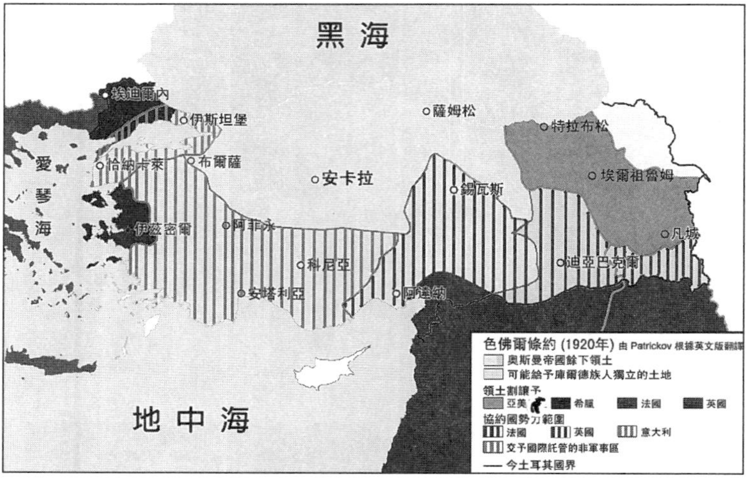

《色佛爾條約》下的歐洲局勢

最絕望的時候也正是最需要英雄的時刻，土耳其在第一次世界大戰中唯一精采的亮點就是由凱末爾上校所主導的加里波利之戰。

當時的協約國想要登陸加里波利半島，然後直取土耳其的首都伊斯坦堡。這場戰役的規模之大，可以說是一戰中最具代表性的登陸作戰，當時大家都認為協約國擁有制海權，而且對手是戰力幾乎等於沒有的鄂圖曼土耳其，這個作戰計畫用躺著執行都能夠順利實施吧！

沒想到遇到百年難得一見的軍事奇才——凱末爾精湛的指揮，成功擊退英國的海軍，給予協約國慘痛的一敗，更創下了鄂圖曼土耳其在一戰中難得的一場勝利。

第一次大戰結束後，我們印象最深刻的就是在巴黎和會上，大家一起給德國洗臉，簽了很難堪的《凡爾賽條約》。

土耳其雖然在我們中華民國的歷史課本沒什麼存在感，但身為一戰的戰敗國，它也吞了一個很羞恥的《色佛爾條約》，條約裡面要求：

1、土耳其除首都伊斯坦堡之外的全部歐洲領土，小亞細亞半島西部的大片土地，通通都要割讓給希臘。

2、土耳其附近的達達尼爾海峽及博斯普魯斯海峽兩旁的「海峽地區」成為非軍事區，但協約國得以擁有對該地區的軍事行動權，負責區內航運、燈塔管理及領航等事宜。土耳其則什麼都沒有。

3、土耳其必須廢除徵兵制，全國兵力不得超過四萬五千人，而且不得擁有重型武器及空軍、海軍，也不可以有大型商船。

此外，如果條約的執行情況不合協約國之意，首都伊斯坦堡將被占領。

如果上面的條約文字，讀完看不是很懂的話。

那麼我簡單的翻譯就是：崩╰(〒皿〒)╯潰

這每一條的規定都是在徹底削弱土耳其，割讓大量的土地，剝奪統治與

軍事權，讓這個國家再也沒有力量站起來，無法再成為歐洲各國的威脅。條約的內容在在羞辱土耳其作為一個國家的尊嚴。

那個男人也許會遲到，但從不缺席。這時候還沒有成為土耳其國民父親的凱末爾再度站了出來，他領導的土耳其大國民議會，認為《色佛爾條約》嚴重地損害了土耳其人的利益和主權，我們就是不想承認咧！

凱末爾還發揮了他的軍事本能與身為政治家的天賦，跑到小亞細亞地區，用他天生男神的吸粉魅力與好比直銷嘴的話術說服力，讓當地民眾加入自己的軍隊並嚴格訓練，打敗了原本要被希臘占領的土地，戰勝了協約國聯軍。

在一九二二年的時候，由於凱末爾獲得了壓倒性的勝利，完全制霸小亞細亞地區的戰爭。協約國同意廢除《色佛爾條約》，重新簽了還給土耳其公道與國格尊嚴的《洛桑條約》。

我們凡人只能想像浴缸，凱末爾能創造的是大海！

重新簽條約這件事是土耳其人作夢都不敢想像能完成的談判。整個巴黎和會裡面，戰勝國對於戰敗國各種霸凌啊！再怎麼軟土深掘、侵門踏戶的條約內容，那些輸家都只能含著血淚吞下去、簽下去。就只有土耳其，靠著凱末爾打出一條活路，重新簽了一份讓土耳其人恢復榮光，找回驕傲的新合約！

你們說，凱末爾帥不帥?!在一個國家最衰弱的時候，被眾人踐踏的時候，他不曾對這個國家失望，也從未想過放棄拯救他的國家。他帶領土耳其人在絕望的深淵裡，多次擊退占領土耳其的列強，並勇敢地反抗不公不義的壓迫，成功取回了失去的領土，挺身而出討回了這個國家的尊嚴，為土耳其人找回民族的光榮感！

凱末爾曾經在現代土耳其成立第十週年紀念日的當天，向全國的同胞發表了著名的演講。他提到：「我希望，在土耳其作為土耳其人的我們，都可以大聲地說出：我有多驕傲我是一個土耳其人啊！」

「Ne mutlu Türküm diyene」這句話擲地有聲，字字閃亮！經常可以在土耳其的大街小巷看到，在各種地方鐫刻著、張貼著，不斷提醒著土耳其人：「我土耳其，我驕傲！」

有一種帥，是土耳其人覺得你好帥。

如果我是土耳其人，我怎麼能不愛我們的國民父親凱末爾呢？在國家發展的路上，沒有一帆風順的人生勝利組。當土耳其正在墜落的時候，是凱末爾接住了它。然後，無休止地帶頭抗爭，無休止地帶頭求生存，這就是父親的形象啊！讓國民們都可以安心地跟在他身後茁壯，然後飛翔。

12．確認過眼神，你是浪漫的人！——十九世紀浪漫主義

十七世紀的牛頓，是科學革命時代集大成者的天才，他的貢獻除了帶給現代國中生理化課無窮盡的折磨，最了不起的是他將整個宇宙變成一條一條的數學公式。透過萬有引力定律與三大運動定律，牛頓找到了宇宙的規則，所有事物的變化似乎都能用數學方程式來預測了。

這真是太神奇了～

英國詩人亞歷山大．波普（Alexander Pope）因此感嘆地寫道：「自然與自然定律，在黑夜裡隱藏；上帝說：就決定是你了！去吧，牛頓。於是，一切化為光。」（Nature and Nature’ law lay hid in night ; God said, "Let Newton be," and all was light.）

這道人類的理性之光，一路照向了十八世紀的啟蒙運動。

亞歷山大．波普

在「沙龍」中喝咖啡聊是非的貴族們

如果自然科學界都能順利找到規律，發展出公式來做計算與預測，讓一切盡在人類盤算之中。那麼我們就要相信社會科學界也能比照辦理，人類的社會一定有它運作的機制吧！只要我們找出來，就可以建立模組，掌握未來發展的趨勢！

於是一群政治、經濟、社會學家與藝術家及貴族們，在「沙龍」裡喝咖啡聊是非，他們相信一定可以找出一套適用於全人類的原則與價值，來解決現存的社會問題。

你相信嗎？十九世紀信仰浪漫主義的人們不相信。

浪漫主義的我，沒有極限！

十七、十八世紀的人們崇尚理性，如果能找到宇宙的規則，如果能將人生看得透徹，就能將一切算得精巧，凡事考慮周到，全然理解世界的全貌。

十九世紀的浪漫主義，飛揚跳脫，他們無論如何要衝破生活的束縛，愛得轟轟烈烈，恨得聲嘶力竭！今天的我，沒有極限！讓情感像斷了線的風箏，變了心的女朋友，回不來也好。至少，我曾試著熱切地盡力飛翔！

當我和世界不一樣，那就讓我不一樣。這是浪漫主義的倔強！浪漫主義認為「我」是獨一無二的。我可以懷抱我的幸福與開心，也願意接受我的恐懼與不安。我承認你有你的喜悅，同時我也能享受我的悲傷。

沒有什麼會永垂不朽，也沒有什麼規則需要遵守。我可以瘋狂一回，更可以叛逆一生。

因此浪漫主義，總是那麼樣地失控，在作品中強力地散發熱情與自由的光芒。

拜倫（Lord Byron，一七八八～一八二四年）

Here's a sigh to those who love me
And a smile to those who hate
And whatever sky's above me
Here's a heart for every fate.
——Lord Byron

愛我的，我報以嘆息。
恨我的，我付之一笑。
任上天降下什麼運氣，這顆心全已準備好。

拜倫是英國著名的浪漫主義代表詩人，出身富二代，十歲時就繼承爵位。他顏值高，出身好，年輕的時候就活得放蕩不羈。菸一支一支一支的點，酒一杯一杯一杯的乾，女人一個一個一個的換。

拜倫

照理來說這樣的生活真是自在到了極點，偏偏他有先天性的跛足這個小小缺陷，他在意到不行！努力地練習騎馬、游泳，希望能掩蓋自己天生的不足。

然而做為浪漫主義文學家天性的敏感性格，他始終覺得自己是個悲劇人物！瘸腿的困擾，讓他一直活在自憐自傷的情緒裡。

拜倫的自卑幻化成對愛情與自由強烈的渴求。

這讓他成為一個周旋於不管是異性還是同性的花花公子。拜倫的性關係複雜，不斷卡在各種感情漩渦中，製造桃色話題，是當時英國社交圈八卦版最愛討論的焦點。

結婚之後，依然故我。對拜倫來說，他只是想追求真正的愛情。對拜倫的老婆來說，他就是個花心渣男，直到兩人的孩子都生下來了，拜倫仍不改到處偷吃也不擦嘴的糟糕行徑。女兒滿月後，拜倫老婆帶著孩子包袱款款，打定主意回娘家去，並且提出離婚申請。

儘管拜倫苦苦哀求，他老婆決心已定。因為拜倫偷吃的對象甚至包含他同父異母的姊姊，這叫一個女人如何忍受！

拜倫不僅外遇，還是亂倫。此事傳開後，輿論聲量瞬間飆到高點，人們發現，道德如此無下限的故事居然就在身邊發生，各種正義魔人開始出征。怒！怒！怒！怒！怒！拜倫被群起激憤的英國民眾憤怒海猛刷一波。

然而，拜倫可不是會被這種集體霸凌給嚇倒的。他很任性地說：「如果英國不能理解我，那英國也配不上我。」

英國掰掰囉！

據說拜倫要離開的時候，他的許多情人依依不捨，紛紛排隊用一夜情換取最後的相守。天亮以後就分手，果然是多情讓人無情。

然後，拜倫揮一揮衣袖，拋棄在英國的一切，前往歐洲，繼續過他玩世不恭的人生。

不過，這一出走，反而讓他從多情浪子變成自由鬥士，一路走到了巴爾幹半島，看到當時各國爭取民族解放與獨立戰爭的熱情，深受感動。大家為了反抗國家強權不顧一切所付出的行動，點燃起拜倫血液中嚮往自由的熱情。他不僅掏出私房錢捐款幫助希臘購買艦隊，還加入希臘解放軍，高喊：「擊潰鄂圖曼土耳其帝國！」可惜啊，詩人畢竟不是軍人，還沒上戰場前，他就因為重感冒病逝了。

然而，詩人畢竟就是詩人，雖不會舞刀動劍，在《哀希臘》的創作中，拜倫回顧古希臘勇猛抵抗波斯帝國侵略的歷史，激勵希臘人為獨立自由而戰。他的詩作傳頌戰場，洋溢著撼動人心的號召力。對希臘人來說，他肯定是幫助希臘打贏鄂圖曼土耳其帝國的重要一員。

英國社會不見容他放縱過度的愛情，然而希臘政府則是深切感謝拜倫謳歌自由的行動與熾熱的情感，為他舉行了隆重的國葬儀式。

The Isles of Greece（摘錄自拜倫〈哀希臘〉，穆旦譯）

The mountains look on Marathon
And Marathon looks on the sea;
And musing there an hour alone,
I dream'd that Greece might yet be free
For, standing on the Persians' grave,
I could not deem myself a slave.

起伏的山巒望著馬拉松
馬拉松望著茫茫的海波；
我獨自在那裡冥想一刻鐘，
夢想希臘仍舊自由而歡樂；
因為，當我在波斯墓上站立，
我不能想像自己是個奴隸。

穿著阿爾巴尼亞服飾的拜倫

歌德（Johann Wolfgang von Goethe，一七四九～一八三二年）

Solche Frage zu erwidern,
Fand ich wohl den rechten Sinn,
Fühlst du nicht an meinen Liedern,
Daß ich Eins und doppelt bin?

也許我已找到正確答案，
來回答這樣一個問題：
你難道不感覺在我詩中，
我既是我，又是你和我？

總部設在德國漢堡，歐洲發行量最大的報紙《圖片報》（Bild），二〇一一年時做了一份「誰是歷史上最偉大的德國人？」調查。歌德這位全能作家，獲得多數民眾青睞，勇奪冠軍，物理天才愛因斯坦也只能屈居其後，排名亞軍。

歌德堪稱人生勝利組，他的爸爸是擁有兩個法學博士的超級大律師兼神聖羅馬帝國議員，歌德的媽媽是法蘭克福市長的寶貝長女。在良好家庭背景下出身的歌德，活著的時候生活無虞，只忙著做三件事：當官、戀愛、寫作文。

當官是基於父母的期待，歌德遵從父親的安排，也走上法律的修習之路，完成學業後，開始風光的仕途。歌德曾被任命為樞密大臣，掌管軍事、水利、全國財政等重大業務，最高當到威瑪公國的首相，是一位擁有豐富執政經驗的高級公務員。

歌德

儘管有忙碌的公務纏身，歌德不知不覺地，總還是會走到戀愛的巷子口，穿梭在一個又一個女人之間，來來去去。

沒有預兆，沒有理由，歌德總是會愛上不該愛的人。每個戀情的開始與結束，都為歌德帶來豐富的創作靈感，激起他寫作的動力！

戀愛帶來的精神騷動，情緒紛擾，成為歌德寫作最好的養分，他一生寫下二千五百多首詩作，劇本大約八十部，長篇小說五本，其中最廣為人知的就是讓歌德瞬間爆紅成為暢銷作家的《少年維特的煩惱》。

《少年維特的煩惱》的主角是一個充滿理想的魯蛇維特，他有抱負，但沒車沒房沒存款。維特愛上了一位富家千金夏綠蒂，但是夏綠蒂已經由夏爸做主，將女兒許配給一個有車有房有黑卡可以盡情刷個夠的貴族青年。

維特愛著夏綠蒂，當他越沉溺感情，就越淪為一齣悲劇。渴望而不可得的痛苦，困擾著維特。最終維特強迫自己放下對夏綠蒂的執念，試圖轉移內心的糾結：如果情場失意，也許職場可以得意。

維特是努力的，維特是願意投入一切的，然而現實的世界惡狠狠地嘲弄了他。再有能力，也比不上傳統貴族的勢力。而當他朝著自己的理想勇敢走去，只是更用力地在現實的牆上撞個頭破血流，狠狠地失去。

維特終於明白了社會的殘酷，最終他用一顆子彈永遠地解放了自己。

《少年維特的煩惱》小說的情節很大一部分來自歌德自己的戀愛經驗。歌德在最高法院實習的期間愛上了一位有未婚夫的女子，放棄好好愛一個人的

機會，心痛地看著對方跟別人幸福到永遠。所有的回憶都是歌德心中好不了的傷口，一個月內，歌德化悲憤為力量，快速地寫出了這部類自傳的小說。而那一年，歌德才二十五歲。

我們總以為這一生，不會遇上為誰心碎的情節。直到我們成為自己的故事的主角，才發現有一種悲傷，歌德懂。

維特與夏綠蒂

《少年維特的煩惱》甫一面世，便暢銷大賣，引發熱議。法蘭西帝國的最高統帥拿破崙說他愛不釋手，讀了七遍。這不只是一個失戀的故事，它是一本可以在其中找到我們自己的故事。這故事太好看，好看得讓人心痛，所以，不能只有我看到，因此一傳十、十傳百。

如果維特能就此斬斷糾纏的愛，從今一了百了，那麼就讓我也用一顆子彈試著放飛自我吧……許多青年學子讀完《少年維特的煩惱》後，心有戚戚焉，紛紛撿到槍，身著藍色的燕尾服，配上黃色長褲的維特裝扮，跟著維特一起自殺去了。

一本小小的書引發了社會的自殺潮，在當時歐洲的一些保守地區，甚至禁止出版此書。一本關於愛與不愛的小說，竟能引發如此巨大的共鳴，相信是始作俑者的歌德怎樣也想不到的吧。

PART

TWO

對世界過於美好的濾鏡，限制了我們的想像

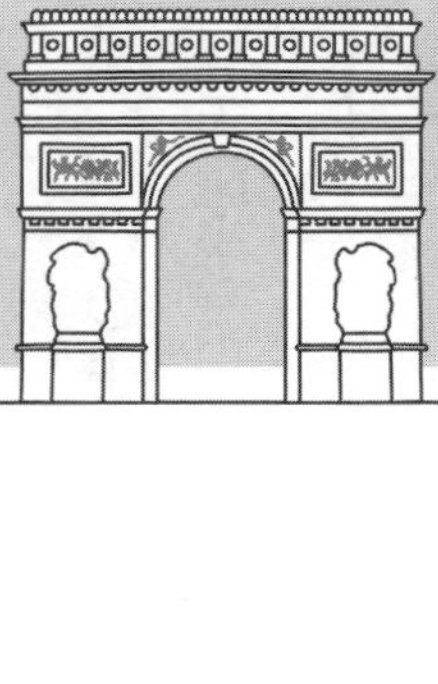

13．有沒有人權自助餐的八卦？——隔離但平等的種族政策

讀歷史很容易被課本分開的章節，以為過去的時代是切割整齊的完整段落。例如：十四世紀是文藝復興，十五世紀開始地理大發現，十六世紀就來場宗教改革。

這樣的想像，第一是忽略了時間在真實世界的連續性。西元一四〇〇年十二月三十一日，整個地球的人類不可能通通在跨年喝到斷片，隔天醒來發現完全不記得過去發生的任何事情，就這樣帶著一片空白睡到西元一四〇一年的一月一日，醒來後開外掛，就拿著一張地圖出發前往新航路的探險。

我們都帶著過去的記憶，思考著現在需要做什麼；在時間的頓挫裡，反覆嘗試，時常犯錯，偶爾裹足不前，小心翼翼地前進到未來。

第二是忽略了歷史事件在地理空間上的差異發展。十四世紀絕對不是整個歐洲都在倡導文藝復興，當義大利的但丁把《神曲》寫出來的時候，你跟俄羅斯人說：「來哦！文藝復興囉。」那個時候正被蒙古統治的俄羅斯人肯定一

臉懵逼：「什麼文藝復興？你才文藝復興，你全家都文藝復興！」

就算是義大利的自己人達文西也要一百五十年後才被生出來，好嗎？

歷史課本受限於內容篇幅，往往只能挑重點告訴我們部分事實。歷史的發展就像春夏秋冬的四季變換，從一個季節轉變成另一個季節，是緩慢的變化增減，每個地域更有著不同體感溫度的差異。

講了這麼多的前言，我想談的是在歷史課本上最容易造成的一個美麗誤會。

「在林肯總統的領導下，最終美國北方取得勝利，徹底解放黑奴。」

這樣的敘述常常帶給我們一種錯誤的理解，認為在一八六五年南北戰爭結束後，黑奴就解放了！人人平等，世界和平了！

確實，在南北戰爭後，美國通過了憲法第十三條修正案：「在合眾國境內受合眾國管轄的任何地方，奴隸制和強制勞役都不得存在。」

一八六八年還為了補強公民權利的保護，進行憲法第十四條的修正：「所有在合眾國出生或歸化合眾國並受其管轄的人，都是合眾國的和他們居住州的公民。任何一州，都不得制定或實施限制合眾國公民的特權或豁免權的法

音樂劇《活蹦亂跳的吉姆．克勞》中的黑人形象，可能是「吉姆．克勞」一詞的由來。

律；不經正當法律程序，不得剝奪任何人的生命、自由或財產；在州管轄範圍內，也不得拒絕給予任何人以平等法律保護。」

哇！美國不愧是世界民主的泱泱大國！太棒了，人生而平等！生命、自由、追求幸福的權利不可被剝奪！這些真理不辯自明啊，獨立宣言的建國精神，再次被憲法加強落實囉?!代誌不是憨人想的那麼簡單！對於南方各州而言：That's fine！奴隸制可以廢止。但我們始終認為：生而為人，我們就是不一樣。

因此南方紛紛頒布了屬於自己州針對黑人管理的法案。歷史上我們把這些黑人法令統稱為「吉姆．克勞法」（Jim Crow laws）。

簡單舉幾個例子給大家評評理：

馬里蘭州：所有鐵路公司及所有汽車或公車或任何軌道運輸系統，應該為白人和有色人種提供分開的車輛以便於旅行或運輸。

佛羅里達州：所有白人和黑人，或白人與四代內有黑人血統者之間的婚姻應被永久禁止。

喬治亞州：白人業餘籃球隊在預留給黑人籃球隊的場地兩個街區內打籃球是非法行為，黑人籃球隊在白人籃球隊兩街區以內範圍打球同樣非法。

阿拉巴馬州：在城市內，白人與有色人種如果在同一餐廳內吃飯，違法。除非該餐廳從地面上建起一面不低於七尺的屏風，將之完全隔開，並有著單獨而分開的入口。

密西西比州：所有印刷、出版或流通或公然呈現有關支持社會平等或跨種族婚姻的資訊、論據或建議是有罪的，應被處以不少於五百元的罰款或不少於六個月的刑期或兩者合併執行。

這樣的法律有沒有違背憲法呢？

一八九二年有一個擁有八分之一黑人血統的男子叫做普萊西（Homer A. Plessy），他故意坐上了一列專屬白人乘坐的火車，然後他就被逮捕啦！因為他坐錯車啦！有色人種就只能乘坐有色人種的火車。

該案由法官弗格森（John Howard Ferguson）審理。弗格森判決鐵路公司有權按照州法律區隔白人與有色人種，普萊西違法，須罰款二十五美元。普萊西越想越不對勁，一路上訴到聯邦最高法院。他的律師極力主張這樣的判決不就是狠狠打臉了憲法第十四條修正案嗎？說好的平等呢？

聯邦最高法院在判決書中表示，他們並不認為分開兩個種族的做法有違憲法，隔離不代表不平等啊！白人有自己的車坐，黑人也有自己的車坐啊！原告的抗辯只是因為自卑。只要你認清楚自己的血統，看清楚車廂的標誌，對「色」入座！坐對車，不就沒事了嗎？

一九四〇年，北卡羅來納州的有色人種候車室。

這就是黑人民權史上非常惡名昭彰的「普萊西訴弗格森案」（Plessy v. Ferguson）。

此一判決一出來：「隔離但平等」（separate but equal）成為最好的藉口。有了最高法院的背書，到二十世紀中期，美國南方在教堂、學校、圖書館、售票處、電影院、飲水機、試衣間、旅館、公園、居住區、大眾交通運輸工具，甚至連釣魚的河畔都實施了兩個世界的種族隔離制。

隔離卻平等？隔離會有真正的平等嗎？

琳達．布朗（Linda Brown）

是一個八歲的黑人小女孩，她每天必須走過五個路口，穿越一個停車場，走上一．六公里的路才能到達公車站，再轉乘公車到城市的另外一頭專屬於黑人的學校上學。她的爸爸希望能讓琳達就近入學，因為白人小學就在他家隔壁而已。這樣渺小且合理的企求，卻遭到當地教育局以種族隔離的法律駁回。

鮑威爾（Colin Luther Powell）是美國歷史上第一個黑人國務卿，他曾回憶在一九五七年的時候：「我與兩名白人軍官同行，通宵行車趕路，途中在加油站休息。那裡的加油站有三個廁所：男廁、女廁、有色人種廁所，我只能進入有色人種廁所，看來黑人似乎已超越了時代，男女不分了。」

華倫（Earl Warren）是美國知名的大法官，任內完成對「隔離但平等」原則的否決。他當時為了深入瞭解種族隔離的實際情況，親自到南部各州作田野考查。有一天傍晚他趕到一個小鎮，進入專屬於白人的旅館CHECK IN後，黑人司機離開。他本來以為黑人司機會去找黑人旅館過夜，第二天起來卻發現他睡在車裡。當時的美國正值寒冬，司機就這樣睡在車上，且沒開暖氣。

他問黑人司機為什麼這樣做？司機說因為提供給黑人住宿的旅館要開好幾個小時的車才能到達，一來一往，天就亮了！暖氣十分耗油，這裡只有白人的加油站，黑人的加油站同樣也要開好幾個小時的車才能到達，不如算了。

「隔離但平等」這句話本身就有大大的謬誤，因為不想理解，所以不願接觸；因為沒有接觸，所以不能理解。隔離不能帶來平等，隔離只會製造出更多的誤解與拒斥。

她坐了下來，我們因此站了起來

羅莎・派克斯（Rosa Parks），當年四十二歲。

阿拉巴馬州的蒙哥馬利市（Montgomery），如該州的吉姆・克勞法規定，在公車上依種族進行隔離。公車的前四排座位是保留給白人的，「有色人種」坐在後方的座位，此外還規定如果白人座位滿了，黑人必須起身讓座。

而蒙哥馬利市這個小區主要以黑人居民為主，公車的乘客有近八成都是黑人，經常可以看到公車前四排的座位只有零星的白人乘客，而後方卻擠滿了黑人乘客。

這一天，羅莎・派克斯一如往常，搭上公車，準備回家。隨著公車開

羅莎・派克斯

駛，乘客上上下下，白人乘客區已坐滿，卻仍有白人上車。司機走到羅莎・派克斯身旁，要求她起身讓座。

讓或不讓？

羅莎・派克斯堅持繼續坐著。

司機說：「妳再不起來，我就要報警囉！」

羅莎・派克斯：「好啊！你報啊！」

就這樣，羅莎・派克斯被警方逮捕，隔天開庭她被控訴違反當地種族隔離規章，擾亂社會秩序，被判有罪，罰款十美金。

她在一九九二年的自傳提到：「人們總是說我不讓座是因為我累了，但這不是真相。我不是身體疲勞，也不是工作一天後比以往更累。我也不老，雖然人們有我老年時的照片。我才四十二歲……不是，我累了，僅僅是因為我對屈服感到厭倦。」

大家都對這長期的屈服感到厭倦了。如果羅莎・派克斯為我們坐了下來，那我們就勇敢地站起來FIGHT吧！

誰也沒想到這個坐下來的動作，引爆了接下來反對種族隔離的狂浪——拒乘公車運動（Montgomery Bus Boycott）。過去搭乘蒙哥馬利公車的三萬多名通勤族團結起來，每個人都盡量走路或共乘，黑人計程車也開出跟公車票價相同的價錢接送大家。

這場拒乘公車運動的發起者與領導人就是我們所熟悉的馬丁·路德·金恩（Martin Luther King, Jr.）。

他在這場民權運動中一戰成名，成為黑人民權運動的代言人與領袖。

一九六三年二十五萬人民湧進首都華盛頓的國家廣場，金恩博士在林肯紀念堂發表了著名的「我有一個夢」（I have a dream）演講。

一九六四年這波民權運動的力量，終於上達天聽，撼動美國國會，通過了一項《民權法案》：「全體民眾均有權完整且平等地享用，本項法案所定義的各種商品、服務、設備、特權、好處以及任何公共場所的設施，不得因種族、膚色、宗教或國籍而受到歧視或隔離。」

從南北戰爭結束到民權法案通過，黑人並非一夕之間獲得解放，是經過

演講中的馬丁・路德・金恩

一百年的掙扎與頓挫，來回幾次的踉蹌下，終於得到法理上的公平正義。

現實中的公平是何時落實的呢？大家知道美國二〇〇八年才選出史上第一個黑人總統歐巴馬吧！

「人權」還真的不是人類這種動物天生的本能。關於人權的價值，在歷史上許多既得利益者經常把它當成在逛自助餐，只挑自己喜歡吃的。一視同仁說來簡單，做起來很困難，台灣的同婚立法不也糾結許久嗎？

越是進步的價值，越是崇高的理想，越不可能一天完成。但要相信時代是會進步的，人的想法是會改變的，只是不知道多久而已。

在那之前，我們需要小小的堅持，一些些的任性與不妥協。世界不會立刻變好，但會因為我們的「行動」，變得更好。

14．有些發明沒打仗還發明不出來——一戰篇

兩次世界大戰，都是地球上一部分的人們想盡辦法摧毀另一部分的人們，為著不同的政治利益、經濟需求，進行軍事上張牙舞爪的鬥爭，造成前所未有的傷亡和破壞。

為了更有效率地消滅對手，每一次的世界大戰，不得不說，還都是人類科技文明的大躍進！出現了許多更加便利、更能幫助士兵們適應戰場的新發明。

戰爭的確是殘酷的，在那些生命傷亡背後，留給世人的慰藉與遺產，就是各式各樣的「創新」！如同水星逆行一般，看似星象兇惡，諸事不宜，卻也是宇宙要我們沉潛思維、再造發明的時刻。

有些發明沒打仗還真的發明不出來，就從第一次世界大戰的戰場說起吧！

從壕溝戰開始

第一次世界大戰發生在西元一九一四年～一九一八年，本質上是一場歐洲戰爭。主要是歐洲列強為了爭奪殖民地，長年下來你搶我奪，各種老鼠冤累積下來，變成了血海深仇。最後誰也不服誰，到底誰是歐洲老大?!為了這事，彼此大動肝火，導致擦槍走火，終於爆發了一場多國之間的大戰！

一戰的戰場，主要戰線可分為東線的德奧ＶＳ俄羅斯、西線的英法ＶＳ德國。東線的俄羅斯在第一次世界大戰時，只是個看起來很可怕、其實很廢的龐然大物。俗話說：「沒有那個屁股就不要吃那個瀉藥」，俄羅斯的人民在一九一七年用兩次的國內革命，鄭重地告訴了他們的政府，然後就離線，退出戰爭了！

所以東邊我們就別理它了。畫面轉到西線戰事，那可真是血腥慘烈，描述西線戰場的著名小說《西線無戰事》，作者雷馬克十八歲代表德國出征，五度負傷。他將自己在戰場上九死一生的經歷，寫成赤裸裸地描繪前線戰事實況的半自傳體小說。這字字血淚的故事問世之後，風靡全球，翻譯成五十八種語言，

成為世界上最知名的反戰小說。

為什麼西線戰事會特別糾結呢？開戰後連續幾個月，德軍持續猛烈進攻，在英法兩國勉力合作下，稍稍遏制了德軍的進逼。接連的戰鬥讓交戰雙方都感到疲憊不堪，於是雙方都各自挖了一條戰壕，加強防守掩護，固定陣地，換取喘息的空間。很快地，從瑞士邊界一路延伸到比利時北部的大海，六百多公里長的戰線上，出現了一條條布滿掩蔽物、鐵絲網的戰壕。

士兵大部分的時間都會待在戰壕裡，耳邊不時呼嘯而過的是嗖嗖的子彈聲或是炮彈在空中飛過的轟隆聲響。偶爾發動大型的陣地戰，一旦地雷爆炸，四周的一切都被炸得粉身碎骨，屍塊噴飛四濺……在長期的僵持下，士兵在戰壕裡度過春夏秋冬，承受冬日飛雪與夏日暴雨，忍饑挨餓，與老鼠、蒼蠅、跳蚤、蝨子共存，比誰更有生存下去的意志。

為了從彷彿人間煉獄的壕溝戰掙脫，人類奮力一搏，開發出了許多新的武器與發明，只為了離開不見天日的壕溝。

機關槍

一八八三年英國人馬克沁研發出不用人力裝填、全自動的機關槍，史稱「馬克沁機槍」。它一開始發明的時候，還找不到角色定位，在武器界裡被冷凍了好些年。直到第一次世界大戰，西線戰場壕溝戰的對峙戰型，全自動的機槍成為防禦上很重要的武器。面對敵人大舉進攻，只要在定點配置數挺重機槍，槍林彈雨的狂發猛射下，無論如何強攻，血肉之軀就會立刻倒下，一命嗚呼！馬克沁機槍成了一戰時期進攻方的惡夢，還被取了非常中二的暱稱，例如「寡婦製造者」、「死神收割機」這樣的小名。

一九一六年的七月一日，索姆河戰役的第一天，不只是英國陸軍史上死傷最慘痛的一天，同時也是馬克沁機槍落實它的暱稱，戰果最豐碩的一天！當時德軍裝備了改良過的馬克沁重機槍ＭＧ０８式，一分鐘六百發子彈的射速，在索姆河戰線上配置的二百四十挺ＭＧ０８的瘋狂掃射中，一天就打死近六萬名英軍，成為第一次世界大戰中死亡人數最多的一場戰役。自此之後，各國軍隊相繼裝備馬克沁重機槍，並在原有的研發基礎下繼續開發各種實用的機槍，成為今日戰場上的基本配備。

坦克

俗話說：「一物剋一物」，怎麼可以讓馬克沁機槍在武器排行榜上一枝獨秀呢！為了反制德國兇猛的機槍群，能夠無所畏懼地朝著槍林彈雨前行，跨越無人地帶，撕開敵人防線，號稱「陸戰之王」的坦克，就在這樣的歷史背景下被發明了！裝備了防護裝甲與火炮，利用履帶前進的拖拉機，第一代坦克準備在戰場上扮演機槍破壞者正式亮相了！

在索姆河戰役打得血腥慘烈、難分軒輊時，英國製造出來的第一批坦克秘密地開到了戰場。在德軍尚未發覺時，三十二輛坦克突然衝進德軍陣地，行進過程中，有五輛坦克一個撲通，就陷進索姆河的泥淖動彈不得，另有九輛坦克因為機械故障，無法啟動，只能在路邊放空。

即便妥善率如此差勁，靠著剩下一半的坦克車，仍然大舉突破了德軍的防線！雖然它很笨重，但很管用啊！這個看起來遲緩，操作起來也真的很遲緩的大水箱，居然嚇壞德軍了！面對從沒見過的戰場怪物，德軍乖乖退守陣地，英國就這樣出奇制勝，成功地打破壕溝戰的僵局！

說實在的，坦克一開始的設計確實問題很大，它的操控系統困難到像是整人

玩具！最早登場的坦克駕駛員總共需要八個人才可以完全hold住這台車！而且因為隔音很差，怎麼開怎麼吵，車內轟隆隆作響，嘈雜的噪音嚴重到駕駛員需要用扳手大力敲打引擎蓋，才能夠引起另一個駕駛員的注意。「嘿，看這邊啦！」一等對方終於把視線望向這邊時，雙方再用手勢去溝通，才能夠讓合作順暢！

不過這個遲緩笨重的坦克車，從一戰發展到今天，早已進化成功！如今，它的機動性更敏捷，殺傷力更威猛，幾乎得以在任何地形上快速前進、深入敵軍陣營，世界軍事強國紛紛以研發出打不著、摧不毀、測不到的坦克車為軍武的投入重點。

毒氣

由於壕溝戰讓進攻方居於劣勢，備感吃力，更極端的進攻策略也因此誕生了。一九一五年四月在比利時的伊普爾防線上，德軍向法國發動「氯氣」攻擊，當時德軍陣地升起一團團黃綠色的煙霧，幾分鐘後，風起雲湧，協約國陣地都淹沒在漫天的毒霧之中，史稱「伊普爾之霧」。

這是人類歷史上第一次大規模地使用化學武器作戰，法國士兵們一開始只聞到了又苦又辣的味道，接下來好似把整個麻辣鍋湯底都灌進喉嚨裡那般嗆辣、痛苦！每個哥們都被嗆得喘不過氣，眼睛腫得無法睜開，喉嚨則被嚴重燙傷。德軍則戴著事先準備好的簡易防毒面具侵入防線，直踏法軍陣營。

這次的毒氣攻擊，造成法軍一萬多人中毒，其中約五千人死亡，除了士兵，戰馬、老鼠也都死傷殆盡，無差別的毒氣攻擊，讓交戰的雙方都深深感受到化學武器的可怕。

雷馬克的《西線無戰事》這樣寫道：「毒氣依然在地面上爬，沉進所有低窪的空洞，就像一隻龐大、軟綿綿的水母般，飄浮著進了我們的彈坑……中了毒的傷兵，一天到晚窒悶死人的咳嗽，咳出來的都是燒壞了肺部中的血塊。」

在一戰結束前，雙方你來我往施放毒氣，研發出新口味的新產品後，就立刻拿對手做實驗。根據官方公布數字，在第一次世界大戰中因為化學武器造成的死亡人數至少有八萬五千人以上。由於傷亡慘重，又不人道，因此一九二五年，有一百四十個國家在日內瓦議定書中同意，戰爭中不使用窒息性、毒性或其他氣體，並且簽訂了協議書。

不過，大家也知道簽了協議書不見得就會遵守。一戰後的毒氣發展與台灣歷史也小有淵源，一九三〇年在台灣發生的霧社事件，日本就拿毒氣運用於山區鎮壓原住民的反抗，此事發生後，當時的台灣民眾黨向國際發聲，抗議「日本使用毒瓦斯屠殺台灣霧社人民」，引起國際社會關注。台灣原住民的生存問題成為焦點，世界各國紛紛譴責日本政府，使得日本內閣深切檢討理番政策，台灣總督因此引咎去職。

風衣

在壕溝生活，一遇到冬天下雨的時節，讓士兵們的日子顯得更加難受。一般的羊毛大衣吸水後顯得溼冷沉重，穿在身上會加速體溫的下降，暴風雪一來，不用談進攻，光是失溫，就能帶走大量士兵的性命。

為了製作出防水、防風又輕便保暖的壕溝用軍用外套（trench coat），英軍委託一些服裝製造商，針對當時士兵們的需求，推出了新的款式，其中最有名的叫做湯瑪斯．巴寶莉（Thomas Burberry）。沒錯，他就是知名的時尚品牌Burberry的創辦人。

湯瑪斯找到一種新的布料GABARDINE（台灣人習稱「軋別丁」），這種料子密密實實，防水又透氣。考量士兵們的作戰需要，湯瑪斯對於衣服上的每一處設計幾乎都經過仔細考量。外套採雙排扣設計，是因為鈕扣容易在激烈的戰鬥中脫落，於是設計了另外一排備用。外套領口的銅扣是固定豎起的領子，作為頸部保暖之用，不受風寒。領子後面有一塊獨立的布，可以往前拉用力固定，保護喉嚨，搭配防毒面具使用，就能

Burberry的軍用外套廣告

夠避免毒氣的接觸傷害。外套上扣有金屬Ｄ環，也是為了佩戴刀劍的士兵設計的。肩部的肩章，則可以佩掛勳章，繫住望遠鏡或水壺。

壕溝戰帶給人類除了更多更強更猛的武器發明以外，對時尚也有不小的貢獻。今日作戰，明日時尚。今天看起來時尚的細節，在當時可都是帶著阿公阿嬤們實用的必要作戰設計。

戰爭讓國與國之間為了求取勝利，無所不用其極，大幅帶動了科學技術的發展和進步。兩次的世界大戰，是人類軍事技術發展最迅速的時期，這不是偶然，只能說是必然！再怎麼毫不起眼的設計或新發明，都有機會改寫戰爭的結果。從壕溝到伸展台，從軍用外套到時尚單品，這世界在百年內有了天翻地轉的變化。接下來，我們來看看第二次世界大戰，又是如何改變我們的生活！

15・有些發明沒打仗還發明不出來——二戰篇

我們常說「人類唯一從歷史中學到的教訓，就是沒辦法從歷史中學到教訓」。第一次世界大戰，人類打打殺殺，彼此啃食撕裂，主要的參戰國家不管誰勝誰敗，都受到重傷害，主戰場歐洲經濟至少倒退十年！

這一堂活生生、血淋淋的歷史課我們才剛一起經歷過，卻在二十年後集體失憶！接下來爆發了第二次世界大戰（一九三九～一九四五年），這次的征途不只是陸地，烽火更是遍布五大洲、四大洋，共有六十一個國家，大約十七億人口捲入戰爭，這是人類歷史上到目前為止規模最大、最慘烈的戰爭了！

然而越大範圍的破壞，就能帶來越大規模的新生。被第二次世界大戰激發出來的求生靈感，同樣大大地改變了我們的世界！

讓德國再次偉大

第一次世界大戰後，戰勝國與戰敗國簽訂了許多和約，其中最有名的就是與德國簽訂的《凡爾賽和約》。

一戰之所以開打，是歐洲列強不分你我，都推了一把的下場，主要的歐洲國家或多或少都有責任。但戰爭打完，勝者為王，誰打贏誰最大！大家槍口一致地指向德國：「都是你的錯！」《凡爾賽和約》的內容，用一句話講完就是：「德國有罪，責任你扛！」如果第一次世界大戰有錯，通通都是德國的錯！德國必須死！割地賠款道歉樣樣來，德國都得吞下去！

但有些事情，真的吞不下去。德國所需負責的賠款高達一千三百二十億馬克，相當於今天的四千五百億美元。戰敗的德國，國內經濟已經風雨飄搖，還要每年額外撥款繳付鉅額的賠款，就算是分期付款，德國人舉國上下多年來也要一起腰帶束緊，手頭很緊，生活吃緊！距離老百姓崩潰的臨界點自然不遠。更何況又遇到一九二九年全世界經濟大恐慌，全球股市慘綠，工廠倒閉，失業率節節升高，面對百年難得一見的政經悲劇，德國檯面上的政

治人物都無奈攤手╮(╯_╰)╭，個個都說無能為力，百姓也只能咳聲嘆氣，罵到沒力！

就是這麼個一廂情願的《凡爾賽和約》，將德國往死裡打，卻也把德國人的狼性給逼出來了！

「狼若回頭，不是報恩，就是報仇！」戰後對德國的無情，化成德國人民的集體屈辱與憤怒，當德國人一旦被逼到理智斷線，一場腥風血雨的戰事也就不遠了。

我們熟悉的瘋狂政治家——希特勒就在這樣的情況下登場了！他所率領的納粹黨主張「讓德國再次偉大」。他拒絕承認凡

一九一九年，歐洲列強在巴黎簽署《凡爾賽和約》。

爾賽和約，那是什麼？可以吃嗎？這樣的政治態度大大地滿足德國人民的自尊心。

他並大方承諾讓德國每一戶人家的餐桌上都有牛奶與麵包。零到一百歲的人民，國家跟你一起養！身體是誠實的，人吃得飽，心也就暖暖的，希特勒的支持率就越來越高。縱然納粹黨在他的領導之下，人權作為的惡行惡狀罄竹難書，但他拚經濟的能耐也是有目共睹的，上台後六年內，德國的失業率就從二五．九%降至一．九%。

嘗到統治的甜頭與過分的自信，讓希特勒上台後野心勃勃，走上了不歸路。

一九三九年九月一日，德國對波蘭發動了閃電般的進攻，宣告了第二次世界大戰的開始，一路鏖戰到一九四五年八月六日、八月九日，美國分別於日本的廣島和長崎投下兩顆原子彈，二戰終於走到盡頭。

希特勒

這六年來死傷無數，世界各國為了分出勝負，彼此相互競爭，以血為祭，也促進了武器研發與各種研究領域的突破。有一些發明很威，有一些發明很生活，以下跟大家介紹幾個我認為在二戰期間很有意思的創新發明。

航空母艦

如果說，一戰時所發明的坦克是陸戰之王，那麼海戰之王就非二戰時發展成熟的航空母艦莫屬了！航空母艦是目前人類軍事史上最大的武器系統平台，現今我們衡量一個國家的軍武實力，主要就是看它所擁有的航母數量！因為航母代表的不只是一個國家的軍事戰力，更能夠看出背後支持的整體國家經濟實力深度。

怎麼說呢？講到航空母艦，就要先從飛機的性能提升談起。

一戰的時候，飛機還不是作戰的主力。飛行員的工作是在攻擊發起時，飛往敵方陣地上方進行空中偵察，綜觀全局後，提供圖資給陸軍部隊作為戰術運用參考。到了一戰後期，飛機才陸續裝上機槍、炸彈，可以開始進行空中作戰與轟炸地面的任務。

隨著飛機的性能不斷提升，例如飛行速度在一九一四年時一般是每小時八十至一百一十五公里，四年後增至一百八十至二百二十公里，射程與負載量也都大幅進化，飛機可以在空中與敵人進行纏鬥、護航及支援地面部隊的轟炸。到了二戰，飛機已經成為攻擊的主力，制空權的爭奪成為大小戰役獲勝的重要因素之一。

我們國小的自然科學課就學到地球水面積占七〇%、陸地占三〇%，而航空母艦最具實戰效果的威力就是能載著一大批飛機在全世界到處趴趴走，可以起飛，可以降落，無論海陸，即便是在廣袤浩瀚的大洋之中，都能提供駐點，讓地球的每個角落成為軍隊滿滿的大平台！

二戰的戰場廣大，飛機要飛到敵人的領空進行轟炸或與敵人在空中戰鬥，長途的飛行是很耗油的。油箱有限，航程更是有限，從哪裡出發，要回到哪裡都是戰爭中必須斤斤計較的考量，而航空母艦讓這一切有了彈性的可能，這也是它被稱為「移動國土」的原因。

所以航空母艦絕對不只單單一艘母艦，它不是一艘艦在作戰，它是配合一整個戰鬥群作戰，它能搭載大量的飛機，配合各種機型，組成不同的航空聯隊進行戰鬥。為了防止母艦本身被攻擊，航母周邊還會有一定數量的驅逐艦、巡洋艦、潛艇，由內而外，做為層層的防禦，以捍衛母艦這塊重要的後勤補給基地。可以說海陸空三個軍種航空母艦幾乎都包了，航空母艦一出場，就是一個國家推出的豪華軍事大禮包。

那麼我們來看看這實際戰場上的數據，就會瞭解身為二戰的大贏家，美國隊長可不是浪得虛名。西元一九四一年十二月七日，日本偷襲珍珠港，美國宣戰，正式加入第二次世界大戰的同盟國行列。

美國的「移動國土」——航空母艦

我們從一九四二年開始計算，到日本一九四五年正式宣布投降，這四年內，日本總共產出了十三艘航空母艦。而美國呢？——答案是一百四十二艘！十倍之多的造艦量啊！光是生產線投入的美金紙鈔就能淹沒日本了吧。面對這種大量課金毫不手軟，造航空母艦跟包水餃一樣輕鬆的強大對手，那麼厲害的物資海，日本輸得一點都不冤枉！

核子武器

比起航空母艦，讓人一聽到就為之膽顫心驚的二戰軍事發明就是核子武器！直到現在，具備核武能力的國家在世界上也沒超過十個。

這種毀滅性的武器是在二戰後被研發出來的，我們所熟知的那兩顆投在日本的原子彈，就是人類歷史上唯一使用過核子武器的一次！

起初，是納粹德國率先秘密進行開發核子武器的「鈾計畫」。然而，有一批被納粹迫害的猶太裔科學家流亡到美國，他們告知美國，納粹正在研發核子武器，請美國千萬不可輕忽核武的能量。物理學界並推派代表——「天才」愛因斯坦，寫了一封信給當時的美國總統羅斯福，信中提到核連鎖反應所釋放出的巨大能量如果製作成武器，將極具毀滅性。如果被敵人搶先研發成功了，那ＧＧ的就是美國了！先搶先贏啊！拜託總統大力支持物理學界立刻展開核研究。

一九四二年，代號為「曼哈頓」的原子彈研發計畫（Manhattan Project）正式啟動，美國雇用了許多頂尖的物理學家，包括：費曼、吳健雄等台灣人熟悉的物理大師。一九四五年七月十六日，美國的第一顆原子彈在新墨西哥州的沙漠中試爆成功。當時德國與義大利早就投降，為了加速戰爭結束，美國杜魯門總統下達了轟炸日本國土的指令。八月六日，美軍向廣島投放第一顆原子彈，造成約九～十六萬人因核爆死亡；八月九日，又向長崎投下第二顆原子彈，造成約六～八萬人死亡。懷抱武士道精神的日本堅忍戰鬥了多年，卻扛不住核子武器短時間內帶來的大量毀滅，八月十五日，日本宣告無條件投降，第二次世界大戰結束。

在廣島投下的那顆原子彈，總重量為四百四十公斤，鈾２３５含量為四十五公斤。這四十五公斤中只有四公斤的鈾２３５順利產生核分裂，而反應中，也僅僅只有一克的質量轉化成能量，但……卻可以將核爆點三公里半徑內

1945年8月6日於日本廣島（左），
1945年8月9日於日本長崎（右）爆炸的原子彈。

的人事物全部摧毀。難怪後來愛因斯坦一聽聞廣島核爆時，表示感到極大的後悔，自己實在不該寫那封信給羅斯福總統。唉！寫信一時爽，原爆火葬場。

節錄自峠三吉〈八月六日〉（摘錄自《原爆詩集》）：

我豈能忘記那片閃光
瞬時三萬人消失了
在被壓垮的黑暗底下
五萬人哀號不已

兵器工廠的地板上流溢著糞尿
那裡躺著女學生的屍體
有的腹部鼓脹　單眼凹陷　半身燒焦　燒成光頭的
分不清是誰的面容　朝陽灑落下來
他們紋風不動

在異臭彌漫之中
只有蒼蠅飛在鐵盆上的振翅聲
在肅殺的靜默中
我豈能忘卻那湮沒三十萬人的
整個城市的靜寂呢

從一戰到二戰，我們談了一堆武器，對這些軍武所帶來的殺傷力不免感到遺憾與難過。但戰爭中的發明，除了硬底子的國防發展外，也有庶民日常的軟實力。接下來換個場景，談談吃喝。

巧克力

今天我們看到巧克力三個字，大概會立刻浮現濃醇甜蜜的滋味，好吃得讓人發胖！巧克力擁有高熱量，讓二戰期間的美軍找上Hershey's公司製作巧克力軍糧，它一條就有六百大卡，野外作戰時，絕對是救命仙丹。

但是美國軍方擔心巧克力太好吃了，一發下去，就被美國大兵當成零食一口氣給嗑光，所以特別要求Hershey's不要把巧克力做得太像巧克力，越難吃越好，大概比馬鈴薯好吃一點點就可以了。這種要求Hershey's這輩子大概沒見過！畢竟客戶是美國軍方，萬萬不能得罪，所以他們的天才研發師在巧克力中加入了大量的燕麥粉，弄得超級難吃！歷史上出名的D口糧（D ration Bar）就此誕生！

D口糧因為做得太符合客戶的要求，也就是「金拍價」，所以發行之後，士兵連吃都不想吃，就被大量地丟棄！還有士兵稱這個配給食物根本是「希特勒的秘密武器」！由於加入了大量燕麥粉，導致D口糧十分堅硬，牙齒稍微不好的士兵連咬都咬不動，即使是那些自豪擁有大鋼牙的士兵，也發現最好是拿刀把它切成一小片一小片的吃，才比較能夠入口。這根本是發明來玩弄士兵的美國軍方惡作劇吧！D口糧除了難吃之外，還無法適應包括亞洲、非洲等熱帶地區夏天戰場的高溫，巧克力融化後難以食用，更把衣服弄得髒兮兮、黏踢踢。這就給了M&M's崛起的空間。

一九三〇年代，美國人佛瑞斯（Forrest Mars）在西班牙內戰期間，看到士兵吃著一種彩色硬殼的巧克力糖果，心想這種食物真是太酷了！這根本就可以在任何地形與氣候行軍時食用，可以耐高溫不容易融化！這種只融你口、不融你手的巧克力，既方便攜帶，又能提供高熱量，絕對可以在戰爭中發大財的啦！於是佛瑞斯就趕快飛回美國，取得專利。同樣得拜託巧克力巨人Hershey's提供製作原料，於是雙方合資，成立了M&M's公司，並趕緊加入供應士兵配給軍糧的生意行列！比起之前難吃的巧克力棒，M&M's方便攜帶又甜美可口，戰後，這個滋味讓士兵們念念不忘，M&M's巧克力也就一路長銷到現在。

當然，巧克力的高熱量不只美國人懂得利用做為士兵的補給，納粹德國也明白它的厲害，拜託了德國最古老的巧克力公司希爾德（Theodor Hildebrand），生產一種在製作過程中加入了微量咖啡粉的巧克力——Scho-Ka-Kola。主要提供對象是德國空軍，不僅補充能量，還含有高咖啡因，有助於德國的飛行員在夜間轟炸任務中保持清醒和警惕，可以說是納粹德軍的「蠻牛」，吃了再上！這款巧克力同樣一直賣到今天，包裝也大同小異。想感受一下二戰期間的風情嗎？現在到德國超市都能輕鬆買到這款提神又有歷史韻味的能量巧克力。

芬達汽水

在二戰以前，德國是可口可樂公司在歐洲銷售最好的海外市場，一九三九年戰爭爆發那年，德國有四十三個可口可樂裝瓶廠和六百多家經銷商。但戰爭開打後，同盟國切斷所有通往德國北部各港口的各種物資，由於受到貿易禁運的影響，當時可口可樂的德國分公司沒辦法取得製作可樂的糖漿等原料。

面對戰爭所帶來的困境，上帝為可口可樂公司關上一扇門時，還是打開了負責人麥克斯（Max Keith）的腦袋，他想盡辦法從各種東西中，找出可以製作汽水的原料。

到底是多想喝可樂啦！麥克斯居然用了製作棒棒糖所殘留的蘋果渣、做起司所剩餘的乳清，搭配一些水果，做出了新口味的汽水！員工希望這種新口味的飲料能像可口可樂一樣大受歡迎，讓德國人繼續為之瘋狂，以德語

「fantastisch」發想，因此命名為「Fanta」（芬達）。

芬達的確狂，因為戰時能取得的物資有限，每一次能找到哪些原料製作都不一定，所以戰爭期間每一次發行的口味都不一樣呢！可以說，每一次的芬達都是限量發行，要好好把握這次的限定滋味哦！大概是帶著這樣的末日心情來享受每一口芬達，生怕這次買不到，就沒有下次了！芬達一推出就大賣，一九四三年賣出將近三百萬瓶。而隨著戰爭越打越慘烈，二戰末期德國物資匱乏，開始限制糖的配給量，德國人還會把芬達汽水加入湯或燉煮的菜餚裡面，好讓食物具有甜味。芬達的奧妙就在於它能隱藏於民宅之中，隨手可得，在戰時還能取代糖呢！

到了戰後，芬達被可口可樂的總公司收購，在一九六〇年正式購買了芬達的商標，開始銷售各國。就今天的銷量來看，巴西人最愛喝芬達，是芬達在世界上最大的消費國。至於芬達的原產地德國呢？德國人還愛著芬達嗎？可以說介於在有芬達跟沒有芬達之間。現在他們最愛喝的國民汽水叫做Spezi，只在德國、奧地利跟瑞士一帶銷售。雖然可能在台灣買不到，但只要去超市買可樂跟芬達，以一比一的比例倒在一起，攪一攪，就差不多是Spezi的味道啦！

小結

所謂「發明是需要之母」，發明的目的是為了解決生活中遇到的問題，弔詭的是人類製造出了巨大的問題——第二次世界大戰，造成人類歷史上範圍最廣、死亡人數最多的災難。自找麻煩，再試圖去解決麻煩，不是嗎？

有些發明，摧毀了好多好多那些過去人們的日常，讓一切灰飛煙滅，什麼都沒有了！有些發明，豐富了好多我們習以為常的日常，讓一切千變萬幻，什麼都有可能。戰爭，讓我們走在鋼索上，是文明的山巔也是文明的懸崖。身為人類，我們一直都有機會選擇要向上突破，還是向下墜落。

16·冷戰以來的太平洋黃金線——島鏈

每次課程到了國三的下學期尾聲，各科老師都準備打包行李放暑假去，只有歷史老師還在一場又一場的戰爭中，與學生、與進度劍拔弩張地對峙著。一戰打完了，稍微喘口氣喝個水，繼續打二戰！二戰打完了！～～來！深呼吸三次，接下來是冷戰哦！

到底是在傲嬌什麼，為什麼國與國之間也要搞「冷戰」呢？你不跟我講話，我也不跟你講話嗎？

實際上冷戰是這樣的：自從核子武器被發明以來，並且在第二次世界大戰正式投放於日本廣島、長崎造成活生生的人間煉獄，其驚人的破壞力讓每個國家都嚇到吃手手。

幾個核武先驅國家在發展核武的過程中，也不斷嘗試相關實驗。不管是在地面、地底、海底、高空，反覆進行各種核試爆。

當我們越是掌握核武的性質，越是瞭解這種武器的洪荒之力，然後越想越不對勁……倘若我們認真拿核武去作戰，大概十個地球都不夠炸！

所以，等等~~你那邊還來得及！

與其繼續來一場轟轟烈烈的熱戰，把地球弄個灰飛煙滅，大家一起死光光！不如我們來玩場新形態的對抗吧！

美蘇雙方一致認同，扣掉真槍實彈這種手段，我們來比誰比較會經營國家嘛！一種「大富翁國家版」的概念。我們就來比誰比較能夠有效壯大自身，並阻止對方的地盤擴張，誰最會使用策略強化實力並破壞對方勢力，誰最能夠充分發揮國家在政治、經濟、軍事、文化的整體優勢，在綜合評比中拿到最佳分數，說服地球上的其他國家跟著喊+1！

美國隊長覺得自己的民主政治是目前為止發展出最適合人類的政治制度了！自由競爭的市場經濟，則為全世界有夢想的移民提供了人人可追求的美國夢。美國就是民主自由的捍衛者，這麼棒的制度不能只有我享受，必須把它業配到全世界！

蘇聯大熊則認為馬克思的共產主義才是人類最理想的大同社會，我們是目前全世界共產主義的核心基地，蘇聯必須扮演共產主義的先鋒部隊，以推動世界的共產革命為己任：立足莫斯科、胸懷蘇聯、放眼世界、征服宇宙！

美蘇都不愛認錯，脾氣也是硬了點！雙方皆認為自己的制度是人類希望與未來的正途，另一方則是魔鬼的信徒。既然不能來一場大戰，那就冷戰吧！

你有冷戰的經驗嗎？冷戰不就是這樣的嘛！人與人是這樣的，國與國也是這樣的。一開始先搞小圈圈：「我們都不要跟他好哦！」透過小團體的拉攏和排擠，來達到貶低對手、切斷對方的社會連結，進而強化自己競爭力的目的。

一九四九年美國跟加拿大還有一票西歐朋友，簽署了北大西洋公約組成小團體，排擠蘇聯。

一九五五年蘇聯不甘示弱，找了一群東歐的快樂夥伴，組成華沙公約組織。

在隔個大西洋的西側歐洲，美蘇的勢力正式擴張成北大西洋公約組織ＶＳ華沙公約組織的兩大陣營對抗。

那麼隔著太平洋的東岸防線呢，美國提出一條軍事地理防線：島鏈（island chain）。

島鏈有三條，條條堵住你

島鏈總共有三條：

第一島鏈指的是從日本、琉球群島，中接台灣，南至菲律賓、馬來西亞群島這一條線（有時候會把朝鮮半島上的南韓算進去）。

第一島鏈距亞洲大陸最遠的距離超過二千公里，然而最近的距離只有一百七十三公里，就是台灣新竹到中國福建那道台灣海峽。從地理位置來看，第一島鏈的最關鍵也是最緊張的防線區塊，就屬台灣海峽的防禦了。

第二島鏈，主要以美國的關島為中心，往北有以二戰慘烈一役聞名的硫磺島，至日本的小笠原群島，往南會經過我們的邦交國帛琉群島，最南到印尼的哈馬黑拉島，這一線所包含的西太平洋水域，在距離上與亞洲的海岸相距超過四千公里。如果共產勢力侵門踏戶到這邊，美國人亞馬遜網站的芒果乾（亡國感）就要開始熱銷了。

第三島鏈，已經到了美國太平洋上的大後方，同時亦是美國本土的防禦最前線。北起阿拉斯加，經夏威夷群島延伸至美屬薩摩亞，再穿越至美國南太

Arctic Ocean
Bering Sea
Barents Sea
Sea of Okhotsk
Pacific Ocean
RUSSIA
TURKEY
LEBANON
SYRIA
JORDAN
GEORGIA
ARMENIA
AZERBAIJAN
IRAQ
KAZAKSTAN
TURKMENISTAN
UZBEKISTAN
MONGOLIA
JAPAN
KUWAIT
IRAN
KYRGYZSTAN
N. KOREA
S. KOREA
SAUDI ARABIA
TAJIKISTAN
QATAR
AFGHANISTAN
U.A.E.
East China Sea
PAKISTAN
YEMEN
OMAN
CHINA
First Island Chain
Second Island Chain
NEPAL
BHUTAN
TAIWAN
INDIA
Arabian Sea
BANGLADESH
Philippine Sea
BURMA
LAOS
PHILIPPINES
South China Sea
THAILAND
VIETNAM
Bay of Bengal
CAMBODIA
SRI LANKA
BRUNEI
MALAYSIA
MALAYSIA
Indian Ocean
INDONESIA

平洋的重要盟友澳洲、紐西蘭。這裡當然部署了重兵，設有知名的珍珠港海軍基地、希卡姆空軍基地。

美國對於這條太平洋的軍事黃金線——島鏈可是嚴陣以待。

一九五〇年韓戰爆發，北韓在蘇聯與中共的支持下，全力揮軍南下！加上南北越兩極勢力對峙的態勢出現，以及中共從不排除以武力解放台灣，在金門接連有古寧頭戰役、八二三炮戰的發生。

只要台灣一個失守，讓共產勢力揮軍西渡與南下，隨時可能一舉拿下整個亞洲，並吃人夠夠、直奔太平洋！

美國不能只是一整天關在陰暗的客廳氣得全身發抖，更要走出大門積極部署西太平洋前哨防線，於是開始找島鏈上的國家，一個一個抓來簽約。

一九五一年美菲聯防條約

一九五一年澳紐美安全條約

一九五三年美韓共同防禦條約

一九五四年中美共同防禦條約

一九六〇年美日安保條約

這幾個條約的內容都大同小異，美國與簽約國約定好：只要在太平洋海域出現對於我們任何一方的領土與在太平洋的軍隊、船舶或飛機的武裝攻擊，我們兩國將依照合約，共同採取行動，一起對付敵人！

透過這些條約，美國不僅在西太平洋築起一條強而有力的軍事防線，並進駐大量的美國海陸空軍，擴張自己的影響力，並用圍堵的方式，將共產勢力限縮於亞洲大陸之內。至於太平洋，整個都只能是美國滿滿的大平台！

冷戰那個年代，美國主要對付的是蘇聯，其次才是中國。冷戰結束後，可不是從此萬眾一心、世界和平，美國從來沒有放棄過這條防線，只是首要敵人變了！中國習大大成了美國隊長主要較勁的目標。

無論是冷戰以前還是以後，美國最要緊的就是第一島鏈的防線，從韓戰以來，美國就派遣了有號稱「西太平洋自由之盾」的第七艦隊協防台灣。一九九六年台灣第一次民選總統，中共很故意地對著基隆、高雄外海試射飛彈，造成台海危機，那時美國也派了第七艦隊開進台灣海峽。

說到第七艦隊可不要誤會是戰力排名第七的艦隊！第七艦隊是美國海軍麾下戰力不是數一至少也有數二的首席艦隊，它有強大的航空母艦配備、相關的兩棲登陸部隊、各型神盾戰艦與其他附屬的飛行聯隊，滿員編制是六萬名海軍加上海軍陸戰隊，是目前美國最大的海外前線部隊。有網友戲稱，整個亞洲國家的海軍聯合起來大概都打不贏一支第七艦隊。

除了第七艦隊經常在台灣海峽繞來繞去外，那個寫了〈為子祈禱文〉的美國麥克・阿瑟將軍曾經稱讚：「台灣是美國永不沉沒的航空母艦！」

麥克・阿瑟

這句話我們可以用Google Map的衛星地圖輕鬆地一目瞭然。第一島鏈內的海域，平均水深約三百至五百公尺，越是往中國沿岸就更遞減至四十～八十公尺，也就是說台灣海峽那一段都是淺水的大陸棚，漁船抓魚沒問題，換成軍事作戰的潛艦，那個深度就尷尬了！一來太淺，潛不太下去；二來，就算硬是潛了下去，深度不夠、引擎嘈雜，很容易就能利用水下監偵設施，進行反潛搜查，立刻暴露行蹤，是要怎麼偷偷摸摸地出其不意發動進攻呢？

不過，只要出了第一島鏈就是寬廣的深水區，水深馬上掉到幾千公尺，潛艦開始怡然自得地靈活潛航，利用深度的隱蔽性，可以無聲無息地發動攻擊！

然而，通往深水區的兩道閘門，嘿嘿～不巧就在台灣島的南北兩頭，北握東海——宮古海峽，南控南海——巴士海峽，分別是通往西太平洋的深水航道。

這樣說來，大家應該恍然大悟了！

為什麼美國隊長從冷戰以來一直把台灣當親兒子看待啊？

即使民國六十八年美國跟中華民國斷交，中美共同防禦條約就此失效，美國國會也隨後通過了《台灣關係法》取而代之，法條中明確表示「任何企圖以非和平方式解決台灣未來的作為」，均會威脅太平洋的和平與安全，美國將嚴重關切。

美國承諾會依照《台灣關係法》，持續提供防衛性武器給台灣，美國也將抵抗任何訴諸武力，或使用其他高壓手段，危及台灣人民安全與社會經濟制度的行動。遠在太平洋另外一岸的美國怎麼這麼保護台灣啊！怪不得鄉民老是叫美國阿爸了。畢竟阿爸看中的是我們南北那兩道門啊！也難怪中國會一直想要跟我們兩岸一家親了。習大大曾說：「沒有任何力量能把我們分開，因為我們是打斷骨頭連著筋的同胞兄弟，是血濃於水的一家人。」是啦！中國當然不想跟我們分開啦！美國也捨不得棄台灣遠去！

畢竟誰能控制台灣，誰就能掌握第一島鏈的關鍵中樞，誰就能掌握通往世界霸權的偉大航道。

這條太平洋的黃金線，沒有因為冷戰結束而沒落，反而在二十一世紀新的世界霸主之爭，越炒越熱！身為台灣人，我們可別小看自己。從島鏈的重要性，我們應該要看到自己的國際生存空間：在地緣政治上，我們所處的微妙位置，就是未來發展外交事業的軟實力！

就算全世界與我們斷交，我們也不會孤獨存在於世上的，我們還是得努力，付出所有的勇氣，在列強中安全地自由來去。

17・冷戰下的大火箭時代

如同我們前一章所提到的，第二次世界大戰結束後，世界歷史翻開了新的章節——「冷戰」。主導這場二十世紀中葉、耗時四十多年歷史大戲的兩位男主角分別是美國與蘇聯。

為了爭奪誰是地球唯一的男一，美蘇雙方在各個面向，舉凡政治影響力、經濟成長率、軍事科技實力，都在斤斤計較誰才是這個星球上的南波萬。你想成為擁有財富、名聲、權力，與這世上一切的超級強國嗎？除了霸占太平洋的黃金線外，二戰後期德國所研發出的Ｖ２彈道導彈，讓冷戰時期的美蘇全都湧向了太空。想要成為最強的霸權嗎？那就到太空去找吧！全世界準備迎接大火箭時代的來臨。

一九四四年九月八日，攜帶著一千多公斤炸藥的Ｖ２導彈清晨從天而降，在英國倫敦的泰晤士河邊爆炸。這顆Ｖ２導彈讓二戰的盟軍嚇出一身冷汗，因為它從當時納粹德軍占領的荷蘭海牙起飛後，只用了六分鐘，就飛越了英吉利海峽，橫跨三百公里，重創了倫敦。它的飛行速度之快，遠勝之前德軍的轟炸機，導致英國的地面部隊嚇得一臉呆萌，完全無法做出任何反應。

除了Ｖ２導彈的射程已達三百公里，可說是當時世上最尖端的武器。更讓人有所期待的是，它的速度之所以可以飆得那麼快，在於彈道飛彈需要發射得很高，只要飛得高高的，一旦進入到高層大氣，甚至太空，就能夠成就其高速飛行！也就是說，這是人類歷史上的大突破，我們有機會發明出可以上太空的裝置了！

看到這麼讓人敬畏三分卻又垂涎三尺的超強武器，美蘇都迫不及待想趕快打爆納粹德國，把Ｖ２背後的技術ＧＥＴ到手！其中Ｖ２導彈的主要開發者，火箭之父馮．布勞恩（Wernher von Braun）就是這門技術下，大家搶著要的關鍵人物。

馮．布勞恩也深深明白自己的科學價值，將成為戰爭後期的保命符！在納粹德國陷入窮途末路時，他堅持自己的科學研究，沒有選擇與自己的國家共存亡。他拒絕服從命令銷毀所有的Ｖ２導彈研究資料，相關的火箭技術草圖及研究數據成為他未來與盟軍交涉的籌碼。果然在一九四五年五月美軍登陸德

馮・布勞恩

國、進軍到慕尼黑的時候，他就主動投誠！美國完全是一個「賺到了」的心態，實在太開心了！一口氣把馮．布勞恩與他的工作團隊一百二十六名工程師一起打包送回美國，好好招待。

蘇聯雖然沒有搶到火箭之父這張最高級別的SSR卡，但也發出號召，表態只要參與過導彈工作的德國人肯過來合作，蘇聯就願意提供足夠的糧食和一份保證高薪、高地位的工作。就這樣，除了科學家之外，蘇聯也網羅了各類熟練的技術工人，收編了二千多名德國工程師和技工。

人才到手後，美蘇兩國開始積極發展彼此的太空計畫。

一九五七年十月四日，蘇聯搶先發射了人類歷史上第一顆人造衛星史普尼克號「Sputnik 1」。這個新聞一出，全世界都驚呆了！尤其是美國，一聽到這個消息嚇到半夜睡不著覺！

可怕的絕對不是人造衛星本身，人造衛星除了讓蘇聯得以窺探全球任一軍事基地、掌握精準的情資外，最驚悚的是，有了讓史普尼克發射到太空的能耐，這就意味著蘇聯掌握了可以向地球上任一座城市發射核彈的技術。

的確，史普尼克的發射成功，讓蘇聯人走路有風，可以開始自信地嘴

人類史上第一顆人造衛星史普尼克號「Sputnik 1」

了！在蘇聯的國家廣播中，有科學家接受訪問說：「不只是蘇聯科學的偉大勝利，這更是蘇聯秩序的偉大勝利」，也有科學家告訴聽眾：「我們沒有美國富裕，這並不是秘密。但為什麼我們能夠在美國人之前解決這些最高端、困難的科技問題呢？」

美國人真的被刺激到了，跟蘇聯拚了啦！兩個月後，美國發射人造衛星先鋒TV3號，兩秒鐘後，火箭卻在全國民眾的電視直播前爆炸墜地。美國的各大報紛紛酸度爆表，各種揶揄嘲弄的評論四起，但都沒有這句酸度高。蘇聯的聯合國代表表示：「如果有需要的話，蘇聯願意當美國的技術顧問。」

努力兩個月，美國人又再試了一次，發射了一顆探險者一號（Explorer 1）。雖然這次是成功了，但重量只有十四公斤，是蘇聯史普尼克號的六分之一，被蘇聯譏笑為小蘋果。

「你是我的小蘋果兒，怎麼愛你都不嫌多……」美國再這樣廢下去，蘇聯怎麼愛美國也不嫌多。

明明冷戰是相愛相殺的劇本，美國繼續歪樓下去，這段歷史就不精采了。於是一九五八年七月美國艾森豪總統砸下重金，宣布成立太空總署NASA，年度預算為一億美元。

不只殺豬公，我們要上太空

NASA成立後，目標不只是繼續發射人造衛星，而是要創造一個可以超越蘇聯的創舉，就是把人類送上太空！美國籌備了水星計畫（Project Mercury），墨丘利（Mercury）是羅馬神話中替眾神傳遞信息的使者，祂戴

著有雙翅膀的帽子，腳穿飛行鞋，行走如飛，是羅馬神話裡的速度之神。美國希望託墨丘利之名，能讓研發速度大舉超越蘇聯，重新在冷戰的PK中揚眉吐氣。

一九六一年，NASA把飛彈的彈頭改成可容納一人的小太空艙。在各項準備工作都差不多，NASA決定在把人類送上太空前，先用一隻叫做「Ham」火腿的黑猩猩試乘，這次的挑戰很成功，在太空飛行了整整十六分鐘三十九秒。英勇的火腿成功返回地球，結束太空人的事業後，中年轉職成為華盛頓動物園的人氣明星，死後的遺體還被美國送入國際太空名人堂紀念。

就在美國歡慶他們的NASA成功把黑猩猩送上太空後的三個月，蘇聯又再次驚呆了全世界。蘇聯的空軍中尉加加林（Yury Alekseyevich Gagarin）成功飛上太空，花了一小時又四十八分鐘環繞地球一圈，並且安全返回地球。作為一個首度登上太空的人類，也許是宇宙太過夢幻，回到地表後的他感到巨大落差，只能靠酗酒來逃避精神壓力。身為專業的飛行員，只有飛翔能讓加加林感受自己的價值。第二回的太空旅行大概遙遙無期，在生命的最後幾年裡，加加林只能鑽進蘇聯的米格戰機裡嘗試飛行，那是他最能夠再次靠近宇宙的方式，

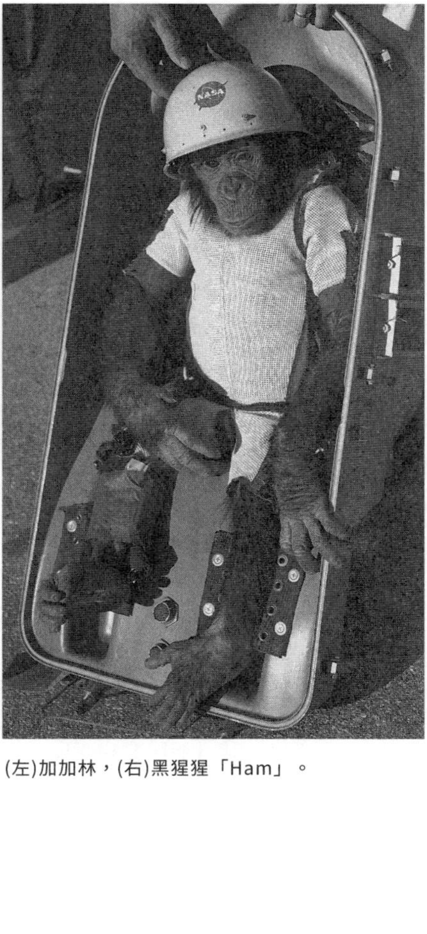

(左)加加林，(右)黑猩猩「Ham」。

在某次訓練飛行中，加加林的飛機墜毀，死的時候才三十四歲。

為了紀念這位第一個進入太空的人類，他的故鄉被命名為「加加林城」，現今的俄羅斯每年會在加加林登入宇宙的四月十二日那天，舉行隆重的紀念活動。

載人上太空的第一名被蘇聯搶走了。美國只好嘗試更艱困的目標，那我們就努力做第一個登陸月球的國家吧！於是在水星計畫後，又推出了阿波羅計畫（Project Apollo）。美國總統甘迺迪還在國會中發表正式的談話，懇求議員們務必通過預算支持阿波羅計畫：「我相信我們美國人可以齊聚一心、全力以赴達成這個目標，就是在一九七〇年以前，我們人類將乘坐宇宙飛船登陸月球並且安全返回。」

就算再怎麼燒錢，我們也一定要做到，好想贏蘇聯啊啊啊啊啊！

總統都這麼說了，美國當時真的是舉全國之力在支持NASA！為求小心謹慎，阿波羅總共有十一次載人飛行任務，7號、9號分別繞著地球軌道做測試；8號、10號則是沿著繞月球軌道進行飛行實驗。眼看總統的deadline：一九七〇年就快到了，最緊張刺激的時刻即將登場，一九六九年的七月十六

甘迺迪

日，人類執行首次的登月任務，在佛羅里達州甘迺迪太空中心的發射現場擠爆了超過一百萬的群眾，全世界在家收看發射現場直播的觀眾人數，達到六億人！現在所有YouTuber的直播觀看人數全都被打趴在地上。

當時的美國總統尼克森非常擔心阿波羅11號以失敗告終，這些太空人可能會喪生在月球。他堅持白宮團隊的撰稿人事先須準備一份登月任務失敗遇難的悼詞。據說那份稿子開頭是長這樣的：「這是命運的注定，那些奔赴月球探尋宇宙奧秘的人們將永眠於宇宙的平和之中……」

好在，這份稿子並未派上用場！我們都知道的歷史結果是阿波羅11號在太空中飛行了數天後，七月二十日，指揮官阿姆斯壯（Armstrong）在遍布隕石坑的月球表面上，沉穩地找到一處著陸的地方，並從老鷹號登月艇走出來，成功地在月球上留下了人類的第一道腳印，說出那句人類太空史上的經典名言：「我的一小步，是人類的一大步。」

那根阿姆斯壯插在月球表面上的美國國旗，是美蘇太空競賽過程中，象徵最後美國取得勝利的終戰標誌。無論之前蘇聯你贏了多少回，這一局把之前輸的面子裡子全都要回來。

阿姆斯壯

蘇聯不是沒有努力過，為登月計畫設計的火箭名為N1，發射中心總共試射了四次，均告失敗：第一次發射N1火箭只飛行了一分鐘，第二次是火箭直接變成一顆火球倒塌在發射台，第三次火箭一出發就解體，第四次火箭直接BIG BANG大爆炸……一九七四年蘇聯正式宣告取消登月計畫，等於是徹底的向美國認輸投降！

現在，要換美國酸回去了嗎？哦～那可不。大火箭時代下的美蘇兩國，各自投入大量時間與金錢，太空任務執行面的艱鉅與危險，讓投身其中的雙方都深深瞭解對方的辛苦與為難之處，我懂你的明白啊！可能冷戰的一開始是雙方幼稚任性的惡性競爭，然而在太空競賽的過程裡，美蘇都走得太遠了，遠到宇宙只剩你我的身影惺惺相惜，為彼此的付出與成就感到敬重。

一九七五年美蘇雙方合作的阿波羅—聯盟計畫「Apollo-Soyuz Test Project」（ASTP）是這段太空情誼的最佳見證，這是歷史上第一次由兩個國家合作的載人航天任務，冷戰時代全世界都熟知的宿敵美蘇兩國的太空飛行器在宇宙間連接了四十四個小時，期間三位美國太空人和兩位蘇聯太空人交換了國旗和禮物，互相參觀對方的太空飛行器，一同進餐，並試著使用對方的語言進行溝通。

地球太小，小到人類彼此計較攻防；宇宙太大，大到我們感到不安和孤獨，在萬有引力的牽引下，更渴望同伴。美國、蘇聯這兩大國歷時多年的太空競賽就在一九七五年用美蘇太空船的和平對接，相親相愛地劃下了句點。

18．沒有敵人的戰爭——越戰

在第二次世界大戰結束後，世界歷史上規模最大、持續時間最長的戰爭非「越戰」莫屬了。這是一場讓強大的美國隊長跌個狗吃屎，悽慘落魄、辱國喪師的超級敗仗。一九九〇年，美國知名的蓋洛普民調公司曾經做過一份調查，訪問美國人對於越戰的看法。民調顯示，有七二%的美國人認為參與越戰是一個錯誤，而且越戰本身就是一場錯誤與不道德的戰爭。

話說，越戰到底跟美國有什麼關係啊？

越南本來是法國的殖民地，這也是我們常在台灣的越南小吃店看到菜單裡面有法國麵包的原因。在第二次世界大戰期間，法國「泥菩薩過江，自身難保」，被納粹打到亡國，怎麼有空顧到遠在中南半島的殖民地？因此給了想要獨立的越南共產黨有了可乘之機，在二戰期間積極發展勢力。戰爭結束後，由胡志明為首的越共就在越南北部宣布建國，以下我們稱這個國家為北越。

不過，我死了，又復活啦，法國人打完二戰後，又回來繼續對越南勾勾纏，不只不承認北越的獨立地位，還挾持了越南歷史上的末代皇帝成立了一個傀儡政權，在越南南部大城西貢建國，史稱南越。接下來法國就以南越的名義，跟北越開打囉！這就是所謂的越戰第一階段——法越戰爭。從二戰結束後開戰，一路打了九年。面對在歐洲國家中數一數二不會打仗的法國，北越取得了最後的勝利。這時，法國人總算死了心，打包行李準備回家鄉喝咖啡配長棍麵包。

失去法國人幫助，戰力十足的北越要把南越這個傀儡政權打爆，是遲早的事。但是！別忘記北越政權的主導者是越南共產黨，對身為民主一哥的美國隊長來說，「共產」兩個字在冷戰時代就是禁語。跟我們現在碰到新型冠狀病毒一樣，一遇到就是要隔離，並且拉出封鎖線！杜絕所有潛在的傳染渠道，美國是絕對無法忍受越共有即將征服整個中南半島的可能。

再加上歷屆的美國隊長或多或少罹患了「你看啦！共產黨他欺負我啦！」的被害妄想症。像艾森豪總統就提出著名的「骨牌效應」觀點，他說：「你豎起一排骨牌，推倒第一塊，其他很快就會倒下，直到最後一塊。」艾森豪很怕越南就是那被共產黨推倒的第一塊骨牌，越南無論如何倒不得啊，絕對不能被共產黨拿去。積極參與越戰的詹森總統說得更直白了，他認為美國務必要捍衛南越，如果南越也陷入共產黨的手裡，那麼接下來整個東南亞都會淪陷，甚至連日本、印度也會赤化！整個東亞都會變成共產黨的版圖。

地球紅了，美國的臉就綠了。

所以為了維護美國隊長的榮譽與美利堅合眾國在世界上不可動搖的最強地位，為了防止世界被共產黨破壞，為了守護世界的和平，貫徹愛與民主的正義。美國從一九五五年就介入越戰，提供南越大約十億美金的軍事、經濟、科技、物資援助，並派出軍事顧問，協助建立美式裝備及訓練的軍隊，直到一九六四年，情勢迫在眉睫時，美軍終於正式踏上越戰的戰場。

奇怪了！美國既然想阻止越南被共產黨占領，怎麼不一開始就把強大的美軍派上場，一路躲在幕後當藏鏡人，這麼不乾不脆，是怎麼了？

一則是，美國最大的煩惱與最焦慮的對手從來不是越共，而是胡志明背後的共產一哥蘇聯，以及越南的鄰居共產二哥中國。然而這兩位共產界的一哥、二哥可不是好惹的，他們都是跟美國一樣擁有核子武器的軍事強國。美國不是怕打不贏，只怕這場戰爭就好像使用薩諾斯的無限手套一樣，一開打，地球彈指間灰飛煙滅！第三次世界大戰等於是世界終局之戰，沒有人想打！所以

胡志明

美國吞吞吐吐，拖拖拉拉，才終於出動了美軍上戰場。

二則是，這場戰爭美國怎麼介入怎麼尷尬！自從法國人撤出戰場後，越戰可以說就是越南的家務事，北越進攻南越，越南人扭打成一團，那就讓他們自己人輸贏啊！

再加上，當時北越的領導人胡志明是聲量超高的民意領袖。從年輕時一路反法，到了二戰期間又帶領越南人抗日，別號「阮愛國」的胡志明一生或許有各種評價，唯一不容質疑的就是他確實「越南價值」滿點！對比之下，南越的政權則一直讓老百姓覺得那只是一個被西方操控的傀儡政府，一開始就抱著法國爸爸的大腿，現在又倒向美國哥哥的懷抱，到處看人臉色，風吹牆頭草，才無法代表越南人發出真正的聲音！

美國即便是個清官，選擇去攪和越南家務事，也是越理越亂越難斷。更何況，美國還不是個清官，只是個有私心又管得寬的路過客倌。選擇支持那個不受歡迎的南越政權，連帶拉低美國在越南人民心中的好感值。

好傻好天真的是，美國也知道北越胡志明的鋼鐵胡粉很多，實在惹不起！不如雙方就以和為貴，保持距離，各過各的越南生活吧！所以，美國從頭到尾都沒有想要打贏越戰哦！「我只是不希望越南被越共統一，但我沒有要消滅越共統一越南。」美國參加戰爭的想法就只是希望以戰止戰，多少保留民主勢力在越南的空間而已！

沒有錯，美國人參戰的目的就是這麼樸實無華且枯燥。然而這個過分浪漫的想法，讓美國一出手，就把自己陷入了進退兩難的「有限戰爭」局面。

美軍投入越戰從不曾向誰宣戰過，沒有明確作戰對象，那麼美軍們為何而戰？為何要戰？如果只是以戰止戰，不敢擴大戰爭的規模與極限，是沒有辦法真正逼到對方停戰的！身為美軍對手的越共，對美國的戰略也了然於心，深知對方不敢擴張戰爭規模。有限戰爭代表有限壓力，那麼只要挺住，勝利最終就是他們的。

無法宣戰的戰爭——敵人是誰？

從美國介入到越戰結束，總共十九年，這場漫長之戰，造成美軍近六萬人死亡，最後無功而返，還灰頭土臉地退出。到底它的困難在哪裡呢？

第一、找不到敵人

北越南越都是越南人，黃皮膚黑頭髮，處處是朋友，卻也可能處處是敵人。美軍的科技可沒有厲害到研發出人類意識形態熱顯像夜視鏡，來判斷誰是越共？越共只要一走入南越境內，換個衣服，你就會以為他是路人。就算是再強大再有破壞力的武器，沒有目標也不曉得朝哪裡攻擊。

第二、堵不住敵人

越南的邊境線綿長，地形也極端複雜，在地圖上看起來是九頭身美少女的越南跨越了十五個緯度，南北長一千六百五十公里，狹長又窄短的國土，在越戰上發揮了很大的作用。隔壁的寮國、柬埔寨更是越共的好朋友，腹地寬廣，讓北越進可攻、退可守。而美軍卻只能守在南越，狹窄窒礙的軍事操作空間，有礙無愛。

第三、打不著敵人

越共在越戰中打出了游擊戰的新高峰。關於游擊戰的精髓，可以參考對岸毛主席的說法：「敵進我退，敵駐我擾，敵疲我打，敵退我追」，意思是說，敵人來，我就跑；敵人睡覺，我就吵；敵人累了，我就打；敵人想閃，我就追！善於隱蔽自己，神出鬼沒，飄來飄去，避開敵軍實力，像支小牙籤，不時就往敵人弱點戳個幾下。

在越戰中，越共把游擊戰發揮到堪稱是教科書等級的經典。由於游擊戰分群散眾，各小隊攻擊的時間、地點全都掌握在自己，損失過大時還可以退守到高山叢林之中，或退到鄰國（柬埔寨、寮國）境內整頓休息。美軍一直無法與越共展開大規模會戰，難以打擊越共主力。因此美國在越戰期間，只好高度仰賴空投轟炸，但又無法掌握敵人的確實所在，只能漫無目標打點的情況下，投下比二戰期間還要多出近三倍的彈藥量，沒炸到該炸的，反而炸到一堆不該炸的，製造了許多無辜受難的戰爭悲劇，造成大量平民無家可歸，難民流離失所的景象隨處可見。

找不到敵人，堵不住敵人，打不著敵人，美軍在戰場上所有的挫敗造成更多人需要宣洩的心理壓力，面對敵人總是模糊的面孔以及摸不著頭緒的蹤

施放橙劑的美軍戰機

影，讓美軍在越南犯下了屠殺平民的暴行，只為增加帳面上殲敵的數量。另外，為了打擊越共的游擊軍部隊，美軍通過噴灑惡名昭彰的落葉劑來破壞越共賴以隱蔽的叢林。美軍所使用的有粉劑、綠劑、紫劑、藍劑、白劑，以及最有名的橙劑，這些可怕的化學藥品除了大量消滅地面上所覆蓋的植被，額外帶來的致癌效果，比找出敵人的動向強大太多，不只當地的越南人深惡痛絕，更讓一向以正義使者自居的美國人民也引以為恥。

越南人民活在不斷遭受轟炸與戰爭暴行的不安恐懼之下，充滿厭戰心態。到底，這場戰爭還要打多久？這些痛苦何時能解除？如果我們越南人都不想打了，美國人存在的意義在哪裡？

美國人也常常問自己：為何而戰？

整個一九六〇年代，美國各地都掀起了反越戰的浪潮。「我們投入了那麼多的金錢與人力到越南，在打一場沒有敵人的戰爭。」街上的遊行群眾說。

隨著戰事拖延，越來越多美國年輕人可能被徵召到越南戰場投入殺戮，然而殺戮是為了民主嗎？如果這場戰爭從一開始就沒有意義，那他們不願加入戰爭，成為荒謬的加害者或無謂的犧牲者。「好了啦！」讓我們一起大聲地跟美國政府說不！

「做愛不做戰」（Make love, not war）的口號，開始在美國各州喊出，反戰歌曲也從四方而起，包括巴布・狄倫的〈Blowing in the wind〉（隨風而逝）、約翰・藍儂的〈Give Peace a Chance〉（給和平一個機會）。

How many times must a man look up
我們人類還要抬頭仰望多少次
Before he can see the sky
才能看見藍天
How many ears must one man have
我們人類要有多少隻耳朵
Before he can hear people cry
才能聽見求救哭喊
How many deaths will it take

我們還要再犧牲多少條性命
Till he knows that too many people have died
人們才會懂得生命的可貴
——摘自〈Blowin' In The Wind〉（詞／曲：Bob Dylan）

一九七三年，這一切像是地獄般的試煉終於結束，美軍正式撤離越南戰場。

綜觀全局，美國不曾真心為越南而戰，沒有一顆彈藥為了越南而投，每一顆彈藥卻都重擊了越南的土地與越南的人民。這是一場沒有敵人的戰爭，一場滿是藉口的戰爭，最終美國灰頭土臉地離開，留下一個滿是創傷的越南。

一九六七年，
在五角大廈前遊行的反戰團隊。

19．沒有終點的戰爭——以阿衝突

這世上半數的人們
愛另一半，
半數的人們
恨另一半。
難道因為這一半和那一半，
我就必須像雨水循環，
無休止的流浪和變動。
——以色列詩人 阿米迦（Yehuda Amichai），〈這世上半數的人們〉

有些和平沒有盡頭，有些問題沒有答案。在歷史課本裡「以阿衝突」的困境只用了兩三行文字帶過，背後卻有數千年種族、宗教、政治、地域、歷史與文化上的盤根錯節未交代。也許是太過糾結，再多文字都難以敘述，才過分化約，保留同情與理解的各種想像空間。

這段歷史若要話說從頭，必須從《舊約聖經》提起。上帝耶和華承諾將「迦南地」賜給亞伯拉罕和他的後代：「凡你所看見的一切地，我都要賜給你和你的後裔，直到永遠。」（創世記13：15）

這塊迦南地，今天稱為「巴勒斯坦」，位於亞洲西部地中海沿岸。在上古時期，巴勒斯坦的氣候良好，是農牧發達的豐饒之地，畜養的羊群之多，豐富到桶裡的羊奶都滿了出來。各種植栽茂密滋長，種類繁盛，每逢春天百花盛開，蜂群嗡嗡勤做工，蜂蜜多到從蜂巢中流了下來。因此在《舊約聖經》裡，多次提到，巴勒斯坦是塊「流奶與蜜之地」。

由於巴勒斯坦這塊土地擁有高度的環境負載力，得以滋養此地的居民，很早就發展出進步的古代文明與偉大的宗教信仰。同時，巴勒斯坦位處東西方之間，地跨三洲（歐亞非），挾有五海（黑海、地中海、紅海、阿拉伯海、裏海），早在上古時期，就是重要的戰略與交通要地，大家都搶著得到它！

問題來了！巴勒斯坦到底屬於誰？《聖經》說啦！是亞伯拉罕和他的後代的啊！那麼是猶太人？還是阿拉伯人的呢？答案是：都是。

我可沒有亂說，因為亞伯拉罕很會生啊。就《聖經》的記載看來，亞伯拉罕至少有八個兒子。亞伯拉罕的大兒子以實瑪利是公認的阿拉伯人祖先，同父異母的小兒子以撒則是猶太人的祖先。我們可以根據《聖經》大聲地說阿拉伯人跟猶太人都是亞伯拉罕的後代。

不只《聖經》這樣說，生物學上DNA研究的結果也是如此。美國亞利桑那大學的遺傳學教授麥可・漢默（Michael Hammer），在西元二〇〇〇年發表他對全世界一千三百七十一名男性進行的基因研究結果，發現中東地區阿拉伯人的Y染色體幾乎與猶太人完全相同。

除了血緣相近以外，猶太人信仰的猶太教跟阿拉伯人信仰的伊斯蘭教，很多層面看來，根本是宗教上的雙胞胎兄弟。

大家都知道伊斯蘭教徒是不吃豬肉的，猶太教徒也是不食豬肉。猶太人要施行割禮，穆斯林也是。猶太教徒在安息日不開火，不工作，必須等日落後才能勞動和進食。穆斯林在齋戒月的時候，也得等到日落後才能進食。猶太教和伊斯蘭教的葬禮都要把屍體洗乾淨後，用白布包裹後深埋。猶太教徒做禮拜時，祈禱要面向耶路撒冷。在早期伊斯蘭教中，穆斯林的朝拜方向也是耶路撒冷，後來才改為面向麥加，而耶路撒冷仍是伊斯蘭教的聖地之一。這兩個宗教在那麼多的細節這麼相似，想裝不熟都很困難。

不過，就算我們可以找出再多個猶太人與阿拉伯人血緣親近、文化相似的證據，卻也無法阻止他們對彼此強烈的敵意。這兩大族群的仇恨與矛盾，一路隨著歷史的前進越來越糾結！

以阿死結

在摩西帶著猶太人離開埃及，順利前往巴勒斯坦後，猶太人過上了好一陣歲月靜好、現世安穩的美好日子，建立過歷史上著名的希伯來王國及以色列王國。等到羅馬帝國來了，猶太人的悲劇開始，猶太人被羅馬掃地出門，包袱款款，開始在世界各地過起自艾自憐、顛沛流離的苦日子。

猶太人離開了巴勒斯坦。西元七世紀，是阿拉伯帝國叱吒風雲的時代，伊斯蘭彎刀戰士打敗羅馬帝國，接管巴勒斯坦。自此之後，阿拉伯人不斷遷入迦南地。

到了十九世紀，巴勒斯坦的主要居民已經是阿拉伯裔為主，且已深耕千年。阿拉伯人理所當然地認為巴勒斯坦是他們的家園故土。

同時，也是在十九世紀末，猶太復國主義運動於世界各地興起，散居在世界各地的猶太人為了逃避排猶主義的迫害，大批猶太人從阿拉伯人手中購買土地，紛紛移入巴勒斯坦並定居了下來。到了希特勒上台後，納粹德國在歐洲實行殘酷的種族滅絕政策，更是激發猶太人回歸巴勒斯坦的決心。越來越多的猶太人回到了他們上古時代的故土，到了第二次世界大戰爆發時，猶太人占當地的居民總數已經從一戰後一九一八年的七%，上升到二九・七%（一九三九年）。

隨著猶太人在巴勒斯坦的比例越來越高，與阿拉伯人的矛盾也越來越明確尖銳。一九四七年，鑒於猶太人與阿拉伯人之間的暴力衝突不斷升級，聯合國為此成立了「巴勒斯坦專門委員會」，通過決議將巴勒斯坦地區分為兩個國家。猶太人一個國家，阿拉伯人一個國家，這樣大家都不要吵了行不行？

當然不行啊！因為聯合國你也太明目張膽地分配不公平了！

當時巴勒斯坦的猶太人總數不到巴勒斯坦總人口的三分之一（大約五十

萬人左右），持有的土地更只有巴勒斯坦總面積的六%。但胳臂明顯向猶太人彎的聯合國，在英美勢力的支持下，劃分給猶太國與阿拉伯國的領土面積比例居然是五五%：四五%。

聯合國的決議一通過，阿拉伯世界立刻氣pupu，拒絕聯合國如此不公不義的分配決議。少數氣到理智斷線的阿拉伯人對猶太居民的攻擊很快蔓延成大規模的族群衝突，繼而引發了以色列的獨立戰爭。

一九四八年猶太族群遵照聯合國決議，宣布以色列國正式成立。宣布後的數小時，阿拉伯國家組成聯軍立馬進攻以色列，打算把這剛呱呱落地的小國一出生就打爆！然而以色列雖小，生來就是戰鬥民族，加上背後有美國等西方國家的力挺，第一場中東戰爭的結果不意外，就是以色列大獲全勝。

通過這場戰爭，以色列大幅擴張，整整占據了巴勒斯坦七七%的土地。阿拉伯聯軍的潰不成軍，導致有七十多萬的巴勒斯坦地區阿拉伯人淪為外逃的難民。從這場戰爭開始，以阿衝突上升為國仇家恨的等級，雙方就此埋下心結與地雷。

第一局中東戰爭的失敗讓整個阿拉伯世界感到震撼，他們無法容忍巨大的伊斯蘭世界居然拿一個猶太小國沒輒。記取這次慘敗的恥辱，他們發誓一定要展開報復！

於是，之後又陸續爆發了幾次中東戰爭。以色列在戰火的洗禮中越戰越強，即使四面環敵，仍然不斷壯大，卻總找不到發展和平與安全的解決之道。阿拉伯人則是每打一次，難民就增加一倍，不僅沒能把以色列消滅，反而失去了越來越多的土地。

築起圍牆

正面作戰難有討好的餘地，那就來陰的！巴勒斯坦地區的阿拉伯人除了透過游擊戰的方式在各地突襲以色列，也發展出自殺式攻擊，對以色列進行不定時的威脅恐嚇。為了防止這些層出不窮的報復襲擊，二〇〇二年起，以色列在約旦河西岸修建高達八公尺、長約七百公里的圍牆，完全將巴勒斯坦區的阿拉伯人分隔開來。圍牆由鋼筋混凝土作為主牆體，加上鐵絲網、高壓電網、電子監控系統組成，每隔一段距離，就部署以色列巡邏隊和哨兵的警戒站。

一道700公里的高牆，讓這裡成為了世上衝突最多的地方。©Shutterstock

所有巴勒斯坦地區的阿拉伯人進出都必須經過檢查站，接受三道安全檢查：第一道查驗身分證，第二道解下皮帶脫下外套，走過安檢門，並進行搜身（防止炸彈藏在身上）。最後一道，必須把手放在機器上留下指紋，確認紀錄存檔後，才能通行。

這道圍牆，對以色列人來說，被稱為安全柵欄。在自殺炸彈頻傳時，行走街頭的恐懼與不安，始終都是以色列人揮之不去的夢魘。在耶路撒冷的公車、台拉維夫的咖啡館，悲劇隨時可能發生，一聲突如其來的巨響，血肉模糊的屍塊噴濺四散，生命灰飛煙滅，驚恐的尖叫與無助的哭喊彷彿還在以色列人耳邊迴響。為了防止恐怖分子進到以色列，保護平民免受自殺性襲擊威脅，以色列官方聲稱，自從這道安全柵欄興建完成後，已經使恐怖分子的自殺式襲擊減少了九五％以上。

就巴勒斯坦地區的阿拉伯人看來，這道牆是隔離，是露天的監獄。他們只想回到自己家而已，卻必須接受以色列像犯人般的盤問、審查證件，確認指紋。他們只是想前往自己的農地耕種而已，卻必須開車繞路，多花半小時至一小時至檢查哨取得特別許可後，才能回到自己的土地上，照顧自己的農作物。

這是他們的家，少了溫暖與親和，多了冷漠與疏離。高聳的圍牆，搭配一圈圈的鐵絲網，天空不再遼闊，空氣變得壓抑，在自己的家園被嚴密看守著。

最難跨越的，也許不是實體的那道牆，是歷史的心牆。一九四八年第一場中東戰爭在以色列的歷史課本中被稱為以色列建國的「獨立戰爭」，阿拉伯版本的歷史課本則名為「巴勒斯坦大災難」。以色列課本稱呼首批移民巴勒斯坦的猶太人為「拓荒者」時，另一邊卻稱他們為「恐怖分子」。

曾經我們都是亞伯拉罕的後裔，可惜再多血脈相連卻還是分崩離析，如今一想到彼此就開始歇斯底里；你的勝利是我的羞恥，你的英雄是我的惡魔。兩方的教科書，故意在地圖上不標誌對方城市。你說耶路撒冷是你的，我說是我的，因為我們都只想到自己，都太在意自己，於是牆越來越高，看不到盡頭，就是以阿衝突的寫照。

當你做早餐時想想別人，
別忘了餵鴿子。

當你與人爭鬥時想想別人，
別忘了那些想要和平的人。

當你付水費單時想想別人，
想想那些只能從雲中飲水的人。

當你回家，回你自己的家時，想想別人，
別忘了那些住在帳篷裡的人。

當你入睡點數星辰的時候想想別人，
還有人沒有地方睡覺。

當你用隱喻釋放自己的時候想想別人，
那些喪失說話權利的人。

當你想到那些遙遠的人們，
想想你自己，然後說：
「我希望自己是黑暗中的蠟燭。」

——巴勒斯坦詩人 達維許（Mahmoud Darwish），〈想想別人〉

這首詩的作者巴勒斯坦詩人達維許，在他六歲的時候，全家就被以色列驅逐出境。他有很長的一段時間都在流浪。

當我們在衣食無缺的小島上因為一些不如意的事抱怨時，記得看看遠方，想想那些邊界，以及那些仍然處在黑暗世界的人，對他們來說不是創作，是真實的人生啊！

20‧你的恐怖分子，他的自由鬥士

二〇〇一年九月十一日一個平凡星期二的早晨，紐約曼哈頓島的天空遭遇了最不平凡的創痛。彷彿災難電影在現實中排演，一架架載滿旅客的飛機撞上雙子星世貿大樓，在大蘋果的湛藍晴空背景下，大樓冒出陣陣濃煙，大火不斷竄出。

我始終記得台灣當時的時間約晚上九點，我正在看的電視台突然被插播，反覆播放客機撞進世貿大樓後，火球、濃煙、倒塌、紐約市民驚慌哭喊的鏡頭。轉了好幾台，也是同樣的畫面。那時的我，還是個小高一，完全無法理解世界到底怎麼了？為什麼電視台不能繼續播放我喜歡的電視節目，地球的遠方究竟發生什麼事，需要如此地動天搖我的節目表？

直到那一天，人類終於知道，恐怖主義有多麼恐怖。

以賓拉登為首的蓋達組織策劃了自殺式攻擊的劫機行動，四台飛機成功地襲擊了紐約世界貿易中心雙塔與美國國防部五角大廈，四架墜毀的飛機上均

崩毀的紐約世界貿易中心雙塔

無人生還，更造成近三千名無辜的民眾性命隨著崩塌飄然西去。

恐怖分子挾持的飛機撞入雙塔後，飛機的燃油在高速撞擊下點燃了大樓裡的可燃物，在高溫持續燃燒下，引發了爆炸。地獄般的火場不斷擴展，大樓的鋼架彎曲變形，安全門也無法用鑰匙打開，梁柱緊接著崩塌，一層樓塌陷到下一層，觸發五十萬噸的結構粉碎……人們紛紛從窗戶一躍而下的墜落畫面，隨著新聞直播放送到全世界。

這不是好萊塢災難片，是活生生的真實世界，人類是那樣脆弱、那麼無助，沒有所向無敵的漫威英雄出面拯救，強大美國在新聞畫面裡顯露出驚慌失措的一面，紐約市有三百四十三位消防員在救援過程中喪生。九一一事件讓二十一世紀的人們第一次正視恐怖主義的恐怖，因而對明天感到恐懼與不確定。

其實恐怖主義這件事不是在九一一後才出現的，這個名詞早在十八世紀的法國就登場亮相了，起源是法國大革命後雅各賓黨人的恐怖統治（régime de la terreur，一七九三~一七九四），不過當時這個字詞，被視為是在革命後混亂局勢中維持秩序的手段，是為了通往更美好社會的必要之惡。

法國大革命後，雅格賓黨實行的恐怖統治。

法國大革命期間，雅格賓黨實行恐怖襲擊的內部會議。

到了二十世紀後期，恐怖主義開始有了新的變形與發展。九一一事件後，更是一巴掌狠狠打臉安逸太久了的國際社會，世界各國終於在九一一後醒來，一起嚴肅正視恐怖主義對全世界安全環境帶來的衝擊與挑戰。以美國而言，在二〇〇〇年以前，出版的書籍書名中提及「恐怖主義」的數量平均每年不到五十本。但在二〇〇一年九一一事件發生後，出版數量就激增到將近二百本。到了二〇〇七年結束前，平均每年都有超過三百本的「恐怖主義」書籍問世。

那，究竟，什麼是所謂的恐怖主義呢？

第一，恐怖主義的攻擊對象多以無辜的平民百姓為主，但是請注意！恐怖分子的直接被害人（一般平民），只不過是他們的「工具」而已。他們透過殺戮來製造恐懼，引起社會大眾的不安害怕，進而去影響、迫使他們的對手讓步。

第二，恐怖攻擊事件發生的時間與地點，都具有很高的不確定性、無法預測性及突發性。由於幾乎沒辦法事先掌握與預判，只要一發生就能立刻造成很大的恐慌與驚擾，並且延續很長一段時間的憂懼痛苦。

第三，恐怖主義的「恐怖」是一種宣傳，一種傳達訊息的方式。有學者形容，受害者就像是鼓上的那層皮，鼓手（恐怖分子）敲擊那層皮的目的是要向聽眾展示聲光效果。他們不在乎受害者的死狀有多悽慘，只在乎觀眾看到那畫面的反應。他們渴望利用恐懼得到支持者的服從，同時利用製造恐懼得到對手的屈從。

媒體加乘——恐怖主義好比行銷公司

講到這裡，相信讀者應該有發現，恐怖主義比起拳拳到肉的近身肉搏而言，更接近攻心為上的心理戰術。它才不跟你玩面對面的大規模會戰，也從來沒有想要透過發動攻擊占領土地。它就是想要嚇嚇你！刷刷存在感，讓你不得不注意到它。說起來其實跟阿飄沒兩樣，只是恐怖分子想告訴你的不只是抓交替而已。

只要能夠發動成功的恐怖活動，再藉由媒體力量的快速傳播，就能迅速在社會上傳播恐懼、互相不信任，以及產生一種無助感，這種巨大心理作用在群眾之中蔓延，就能產生極大的連鎖反應，動搖一個政府的根基。

例如九一一事件後，災損的不只是那些傷亡的受害者。美國當下立刻緊急宣布股市從九月十一日休市到九月十四日。九月十七日復市時，投資者仍驚惶未定，出現恐慌性拋售，道瓊工業指數當天狂瀉七七・一%，全周重挫一千三百七十點，跌幅達一四%，一週內股市狂跌一四%。美股五天內就蒸發了一・四萬億美元的市值。而這樣的放大效果，必須建立在媒體的宣傳成效上。沒有夠發達的媒體，就沒辦法盡情製造出恐慌。你可以想像在舊石器時代，一個原始人拿著石器粗暴地敲擊另一個原始人的腦部，敲到腦漿迸裂，現場血光四濺。就算這個畫面如何殘忍不堪，也只有當事原始人感受得到。沒有報紙、沒有SNG車、沒有社群網站，沒有手機直播，你敲給自己看吧！

場景轉到二〇一四年八月ISIS（伊斯蘭國）一段IS聖戰士斬首美國記者的影片被上傳到YouTube網站，一名全身黑衣蒙面的男子站在身著橘色囚衣的記者佛利（James Foley）左側，一手抓住佛利的肩膀，一手舉著一把匕首。在佛利複述一段請求美國停止干預中東地區的聲明後，黑衣人用英語發聲，宣稱「斬首行動」是為了回應美國的空襲。之後，黑衣人扳起佛利的下顎，舉起匕首，然後……那畫面太殘酷，我真的不敢看。最後留下佛利屍首分離的畫面……

那是ＩＳ第一次讓全世界認識他們，因為過分殘忍的斬首影片讓ＩＳ瞬間變成另類的網紅。之前談起恐怖組織，大家的印象可能還在九一一事件賓拉登的蓋達組織，或是阿富汗那個曾經炸毀大佛的塔利班組織。就在斬首影片上傳後，ＩＳ瞬間取而代之，成為大家最耳熟能詳，連國中生也能說嘴個幾句的恐怖組織。

確實，ＩＳ的行動極端與偏鋒，非常變態，但也唯有加碼演出，挑選出最血腥殘忍的鏡頭，才能達到最大的媒體效果。有人說ＩＳ除了是個恐怖組織以外，更是一家出色的行銷公司。ＩＳ平均每天發布約八千～一萬條訊息，他們熟練地使用Twitter、Facebook等社交App傳播訊息招募生力軍。殘酷聳動的暴力影片，被認為是ＩＳ最成功的行銷策略。遍布在地球上的極端分子，想追求刺激和快感的人，看了影片後紛紛感到興奮與鼓舞。

繼佛利之後，不到兩個月，ＩＳ又陸續殺害了另一位美國記者、英國人道組織成員、日本人質等，而且通通拍成影片上網昭告天下。每一個被殺害的人質，所屬的國家都站出來表示「強力譴責暴力殺戮、絕不向恐怖主義低頭」。美國政府將他們列為全球首要恐怖組織，懸賞一千萬美元。《時代》週刊則稱ＩＳ的首腦是世界上最危險的人物。

這不就是最好的宣傳嗎？不花一毛錢，就買到世界各國政府免費幫忙業配的廣告。ＩＳ成功贏得全世界的注意，有效挑釁他的對手！還讓更多對西方價值忿忿不平的偏激人士，在影片前面被撩得不要不要的。「ＩＳ哩金變態，可是越變態我越喜歡！」不要小看這世界的瘋子！對我們正常人來說很噁心很暴力的斬首影片，在ＩＳ想要招收的目標對象看來，很可能是很酷很迷人，想立刻點喜歡並轉傳分享出去的影片！

弱者的武器——不對稱的戰爭

國際危機組織（ＩＣＧ）主席伊凡斯（Gareth Evans）曾說：「失業、貧窮、剝奪感、絕望、疏離、羞辱或缺乏未來希望的生活環境，是孕育恐怖主義的溫床。」

無論是發動九一一的蓋達組織或是發布斬首影片的ＩＳ，他們都發展自動蕩不安的戰區，困於多年戰事的掙扎中，在長年無政府的權力真空下，為了爭取其政治訴求，結合成組織。他們沒有核子武器與航空母艦，即便勉強組成一支軍隊正面與地表上最強的美軍對抗，瞬間就會被收拾乾淨。人數不敵美軍，資源更不敵美國，恐怖主義是最低成本的戰略考量！恐怖分子的一個衝動就能讓自己的肉體變成致命的武器！

二〇一五年十一月巴黎的恐怖攻擊事件，造成至少一百二十九人死亡，其中七人是自殺式炸彈攻擊的恐怖分子。這七個人多半是法國當地穆斯林移民的第二代，他們為什麼要做出明知死路一條且傷人害己的恐怖行動呢？還不是因為敘利亞內戰多年，難民大量逃往歐洲，這些居住在巴黎郊區的移民就業機會匱乏，並且在政治與社會上遭受歧視。少部分的極端分子進而透過宗教尋求慰藉，變成ＩＳ吸收的新血，自以為是地發動聖戰，企圖瓦解他們心中邪惡的西方國家。

沒錢課金買裝備加強戰力，身為弱者，恐怖分子就只剩肉身與執念，就這樣誕生了另類的抵抗手段。或許血腥，或許兇殘；但是，當他們一無所有，還能選擇什麼呢？

恐怖分子有話想說，只是用一種殘酷的方式來說。恐怖分子只是一棵樹，他們背後都有一座孕育恐怖的悲慘森林。

為什麼有人會犧牲自己的生命，只為傷害無辜的平民？我們當然不能接受那些作為，但也許能試圖多理解他們一些。這世界如果曾經令你哭泣，往往是因為背後已經流下了更多眼淚。

恐怖分子不見得只是個被洗腦的狂熱分子。對他們而言，這些血肉模糊可能也只是為了通往更美好社會的必要之惡。文明之於野蠻，進步之於落後，這個世界隨著歷史的巨輪，發展出了更多的歧異與矛盾，導致有些人因為力量過於薄弱，無法用正規的軍事或政治手段展現他們的意志。我們眼中的恐怖分子，可能就是另一群人心中的自由鬥士！

國家圖書館出版品預行編目資料

OSSO～歐美近代史原來很有事/ 吳宜蓉作. --
初版. -- 臺北市：平安文化, 2020.06
面； 公分. -- (平安叢書；第654種)(吳宜蓉作品集；01)
ISBN 978-957-9314-56-5 (平裝)

1.世界史 2.近代史

712.4 109005894

平安叢書第0654種
吳宜蓉作品集 01
OSSO～
歐美近代史原來很有事

作　　者—吳宜蓉
發 行 人—平　雲
出版發行—平安文化有限公司
台北市敦化北路120巷50號
電話◎02-27168888
郵撥帳號◎18420815號
皇冠出版社(香港)有限公司
香港銅鑼灣道180號百樂商業中心
19字樓1903室
電話◎2529-1778　傳真◎2527-0904
總 編 輯—許婷婷
責任編輯—蔡維鋼
美術設計—王瓊瑤
著作完成日期—2020年2月
初版一刷日期—2020年6月
初版九刷日期—2024年7月
法律顧問—王惠光律師

讀者服務傳真專線◎02-27150507
電腦編號◎551016
ISBN◎978-957-9314-56-5
Printed in Taiwan
本書定價◎新台幣320元/港幣107元